The Psychology of
the Stock Market

格雷厄姆 点评版
逆向交易者

[美] G. C. 塞尔登 ◎ 著
荣 千 孙 碳 ◎ 译

图书在版编目（CIP）数据

逆向交易者/(美)塞尔登著；荣千，孙碳译.——上海：立信会计出版社，2016.4
（去梯言）
ISBN 978-7-5429-4941-7

Ⅰ.①逆… Ⅱ.①塞… ②荣… ③孙… Ⅲ.①金融投资 Ⅳ.①F830.59

中国版本图书馆CIP数据核字（2016）第061587号

策划编辑　蔡伟莉
责任编辑　蔡伟莉
封面设计　久品轩

逆向交易者

出版发行　立信会计出版社	
地　　址　上海市中山西路2230号	邮政编码　200235
电　　话　（021）64411389	传　　真　（021）64411325
网　　址　www.lixinaph.com	电子邮箱　lxaph@sh163.net
网上书店　www.shlx.net	电　　话　（021）64411071
经　　销　各地新华书店	

印　　刷	固安县保利达印务有限公司		
开　　本	720毫米×1000毫米	1/16	
印　　张	10.25	插　页　1	
字　　数	90千字		
版　　次	2016年4月第1版		
印　　次	2017年10月第3次		
书　　号	ISBN 978-7-5429-4941-7/F		
定　　价	32.00元		

如有印订差错，请与本社联系调换

美国亚马逊（Amazon）精彩书评：

This little book of 100 pages is the most densely packed set of wisdom on markets I have ever read.

Absolute finest book on market psychology I have ever read.

这本100多页的小册子，是我读过的市场智慧精华最为集中的著作。

也绝对是我读过的最好的市场心理学书籍。

This was a treat. Written in the beginning of the 20th century it is still dead on. Even after reading a score of trading books this one reads fresh.

尽管本书成书于20世纪初，但其中的理论在今天看来仍然十分正确，甚至当我阅读了数十本股票交易类图书后，再读本书仍会有新鲜之感。

This book was written in 1912, but surprisingly would have been a great guide book over the past 100 years. The principles could have made us a lot of money in the twentieth century and stopped a lot of the losses in 1929 and 2000.

虽然本书写于1912年，但令人惊讶的是，在过去的100多年的时间里它一直能为人们提供正确的指南。同样，书中的法则也能让我们在1929—2000年规避损失，并让身处20世纪的我们获利多多。

本书的五大原则总结：

1.Your main purpose must be to keep the mind clear and well balanced. Hence, do not act hastily on apparently sensational information;do not trade so heavily as to become anxious; and do not permit yourself to be influenced by your position in the market.

1.你必须目标明确，头脑冷静，不能因一些道听途说的消息而莽撞行事；不要过度交易让自己变得焦虑；更不能盲目地固执己见。

2.Act on your own own judgement, or else act absolutely and entirely on the judgement of another regardless of your own opinion."To many cooks spoil the broth."

2.要么依照自己的判断行动，要么无视自己的看法、绝对彻底地按别人的判断行动。"厨师多了烧坏汤，人多手杂反坏事。"

3.When in doubt,keep out of the market. Delays cost less than losses.

3.当心存疑虑、游移不定时，不要进行交易，延误成本小于亏损。

4.Endeavor to catch the trend of sentiment.Even if you should be temporarily against fundamental conditions,it is nevertheless unprofitable to oppose it.

4.努力培养对走势的敏感度，即使目前你还不能把握它，但这也绝不会是作无用功。

5.The greatest fault of ninety-nine percent out of one hundred active traders is being bullish at high prices and bearish at low prices. Therefore, refuse to follow the market beyond what you consider a reasonable climax, no matter how large the possible profits that you may appear to be losing by inaction.

5.99%的活跃交易者最大的错误是价格处于高位时看多、价格处于低位时看空。因此，当市场表现得超出你对合理高点的判断时，请勿跟进，不要觉得不出手好像就是在赔钱。

The Psychology of
the Stock Market

译者序

交易经典《股票大作手回忆录》中讲了这样一件事：

1906年春天，美国历史上最著名的投机人、交易大师杰西·利弗摩尔去美国大西洋城度假。一天，杰西·利弗摩尔跟朋友一起到一家公司看股票行情，当时市场正在牛市行情中，大盘走势强劲，大部分股票都在上涨。杰西·利弗莫尔注意到了股价很高、又正在上涨的联合太平洋铁路，"应该卖出这只股票！"利弗摩尔脑海中出现了这样的强烈想法，因此尽管没有任何做空理由，他还是以市价卖出1 000股，不久又卖出第二笔1 000股，然后第三笔1 000股……他的做法让经纪感到非常吃

1

惊。第二天，这只股票仍在上涨，利弗摩尔又卖出2 000股。在利弗摩尔做了5 000股空头的时候，联合太平洋铁路公司的股票仍然居高不下，身边的朋友有点替他担心。结果在第三天，联合太平洋铁路公司的股票一落千丈，于是傍晚未过，利弗摩尔已经成为了百万富翁。

事后利弗摩尔这样解释自己的交易行为：在整个市场表现十分强劲、又没有任何理由的情况下，放空这么多股票确实有点冒险。可是，当时他已经强烈感受到大众的看法已达到极端不合理状况，于是果断采取了逆向投资策略，"我挑中联合太平洋铁路，是因为这只股票被人炒作得太厉害了。"

中国股市向来有"七亏二平一赢"之说，**我们必须承认，股市不是大部分人都能赚钱的地方。这就是逆向投资策略的内在逻辑——炒股本质上是一种零和游戏，你赚的钱都是别人亏的，很多时候只有跟大多数人逆向而行，你才能在这场游戏中胜出！**

在《逆向交易者》中，作者G.C.塞尔登向投资者指出了一个事实：在股票市场的成功买卖中，25%依赖于金融学、经济学知识，75%靠的是心理。也有人说，股票市场是专门针对人性的弱点设计的。上述说法确实很有道理，在股市中人性的贪婪与恐惧总是表露无遗：一窝蜂地担惊受怕，一窝蜂地狂热追涨……很

译者序

多股民都被这些情绪支配着进行自己的买卖交易,但结果是什么呢?太多人买在高峰,卖在低谷——他们在本该害怕的时候满怀希望,本该振奋的时候却惊恐不宁。于是,一个奇怪的现象产生了:很多股票在几十元、上百元时有大量资金敢于买入持有,而跌到了只剩高峰价的零头时,却成交量清淡。于是我们看到,历次在市场处于恐慌性抛盘时敢于大胆买入者,最后都成为了获利最稳定、最丰厚者。这就是为什么股市长期赔多赢少。羊群效应在历年的股市波动中,已经使无数投资者血本无归。我们要最大程度地剔除自己的非理性情绪,建立一点逆向思维:当大盘被看好的观点占满媒体版面时,多数情况下大市已经离见顶不远;而当媒体和大众已经长时间没有去理会市场低迷的消息时,可能正是黎明前最黑暗的一刻。因此,投资者在实际操作中要关注多数投资者对市场的判断,并在极端的情况下采取与绝对多数相反的意见。

巴菲特说:"在别人贪婪时我恐惧,在别人恐惧时我贪婪。"索罗斯说:"反潮流而行之有快感。"……投资者的思维方式不同,会导致投资结果的截然不同,很多投资大师都认同逆向投资策略。现在,我们把这本曾多次再版重印且常读常新的经典著作推荐给广大的投资者们,希望他们能够在实际操作中领会到作者的投资智慧,让自己的投资之路更加顺畅。

The Psychology of
the Stock Market

导读

这本著作问世至今，已经有一个多世纪了。在此期间，社会发展科技进步，股市也与塞尔登的时代天差地别，忆昔抚今，我们不禁感慨亘古不变的只有人性了。这也是《逆向交易者》不断再版重印的息壤：因为这部百年经典作品所主张的理念植根于人性这个本质之中，所以在任何市场条件下都有可资借鉴的价值，对不同段位的投资者也都有相应的指导意义。

作为股民，能够尽早读到这本书是一种幸运。市场中人都知道，股市分析的海洋浩瀚无垠，一味地追求技术不但不能保证赢利，而且还可能陷入自恋或自卑的泥淖。塞尔登告诉我们，高手之所以长期赢利，并不是因为他们的技术有什么特别，而是因为他们内心的强大。换言之，高超的技术固然重要，但良好的心态却是根本，是一切技术转换成操盘能力的必要支撑。

所以塞尔登在书中并没有刻意描述市场运行的规律，也没有对操作提出具体建议，而是从心理层面指出了投资者常见的误区，借以提醒人们要同时关注市场及自身的心理波动，以期与行情形成谐振和互动。本书在心理分析的框架下对市场和人性进行了详尽的剖析后，给出了股市生存的五大法则——认清趋势、逆向思维、置身市外、果断抉择、心态平和。作者进而指出，从本质上来说，投机交易是资金的博弈，是大众智力的角逐，同时也是一种微妙的心理战，投资的成败75%与心态有关，"股价的波动很大程度上取决于投资者和交易者的心理活动"，这是股市最原始的秘密。市场充斥着谎言，只有在决策时不做"布里丹毛驴"，操作时能够抵御诱惑，始终保持平和冷静的心态，才能在其中长期生存。成功投资的另外一个秘诀就是保持逆向思维，跟投资大众对着干，"厨师多了烧坏汤，人多手杂反坏事"。再者，一个成熟的投资者应该坚持一致性原则，要么全信自己的判断，要么全信另外一个人的判断。没有这个一致性，就真成了听一大堆厨师瞎指挥，结果是坏了一锅汤。全凭自己的判断为什么可以赢利？因为再好的专家，他判断的准确率也是大致在50%，市场上根本就没有股神，只要有了正确的交易系统和良好的心态，你就是自己的股神。

成功的投资者都有成熟的心性和稳定的心态，甚至在生活中也是这样：处世平和、遵守规矩、有责任心。投机市场充满诡秘的欺诈,谁拥有健康的心理,谁就能明辨是非,就能在这特殊的战场上立于不败之地。塞尔登告诉我们,任何成功的交易模式都有心理学的特征,都反映了投资者自身的心态和对市场的适应能力,预判和技巧还在其次:选股容易受到短期走势等因素的干扰,这是心理问题;持股阶段更像一个监控过程,时间轴的拉伸就是对自己交易逻辑的考量,这更需要内心的平静;平仓也是对自身心理的一次考验,只要严格按照预设的标准平仓,不论输赢,都是一次成功的交易。

认真揣摩技术与心理的关系,我们就会发现二者之间的关联是千丝万缕的。用看图表来跟随市场也与心理有关,因为图形是一种表层的记忆,很肤浅很感性,很容易被视觉系统识别并与记忆库中的图形比对而产生应激反应,这就是冲动交易的根源。为了扼制这种冲动,就需要以沉稳的心态认真跟踪观察,只有这样才不会受主力的表演所蛊惑。市场是多空交织的,所以心理上的纠结与矛盾是自始至终的,这就要求在买入前对利空因素进行梳理,否则就可能是盲目建仓。为什么散户拿不住手中的好股票呢?根源还在于心态问题,心态不好的原因是心里没数。要想心里有数,就得练好基本功,从初始的选股择时到买入,再到持股和卖出一系列的过程都要做到市场分析与心理控制相结合。交易的动作很简单,但交易的过程很复杂,技术和方法通过学习就可以掌握，而引发心态问题的根源是人性的弱点和劣根，想得到好的心态就需要全方位的修炼。就像罗杰斯说的那样："应该多读哲学和文学。因为只有从这两种书里你能感受到人性是什么东西。尤其是在资本市场上，最终较量的不是那些谁都能写成书的投资技巧，而是一种人性的较量，是你对人性的感知力与把握力，导致你的决策跟别人不一样，这就是你的高下。"

塞尔登告诉我们，心态决定成败，高手可以通过看似简单的手法实现持续赢利，是因为一旦学习和磨炼累加到一定程度之后，就会产生质变和升华，进而形成良好的心态。练就好的心态首先必须建立规则，然后按照规则不断重复，直到形成自然反应和下意识动作。做任何事情，专注和思考都是成功的基本要求，所以形成良好的心态也必须专注和思考，这不是只靠读书就能解决的。带着良好的心态遵守既定的规则，随着时间的积累，你就会发现心里"买"或"卖"的声音越来越清晰和精准，慢慢就可以达到"从心所欲而不逾矩"的高境界了。另外，好心态不仅源自正确认知和对规则的遵守，还源自对机遇和挑战的热爱。投资如果成了乐趣，自然就会形成正向激励，结果赚钱就只是副产品了。

书中还通过对荷兰的郁金香狂潮、法国的密西西比泡沫、英国的南海公司泡沫这三大泡沫事件的透析，深刻阐述了市场的非理性和人性的疯狂。这些事件告诫我们，虽然已过去了几百年，但形成泡沫的人性基础却并没有改变，识别并利用股市泡沫，不仅可以避险，而且还是很好的赢利机会。

股市是人性的检验场，是心理素质的试金石。格雷厄姆指出："我们必须承认投机者的心理因素对其成功构成强烈的威胁。从因果关系来看，投机者随着价格的上涨而越来越乐观，随着价格的下跌而越来越悲观，因此从本质上看，只有少数投机者能保持常胜不败，而且没有人有理由相信在其他多数同道都将失败的情况下，他自己却总是能成为赢家。"江恩是技术分析大师，但他留给世人的最后一本书却并未谈技术，而是大谈理念和感悟，以及著名的24条法则。可见，股市投资之道的最高境界，必然是与人生人性相关的哲学层次。

要想成为一个狙击手，最重要的不是射击水平，而是过硬的心理素质。在选拔狙击手的考核里，很多成绩优秀者却时常临场发挥不好，甚至还会脱靶。股市的道理也是如此，交易的许多理念都是反人性的，因此是知易行难，并常常会脱靶的。所以这本以人性为基点的传世之作值得反复阅读，并在阅读和实践的过程中把握人生的哲理、领悟市场的真谛，所谓温故而知新可以为师矣。

刘海亮[①]

[①] 刘海亮，职业基金管理人，财经作家，著有《从一万到一亿》《撤单》等。

The Psychology of
the Stock Market

目 录

第1章　投机周期 1

★ 只要价格由买卖双方的竞争而决定，只要人类追求利润而害怕亏损，投机周期在未来仍将持续地诞生、消亡。

★ 投资者的抛售之所以如此有效，根本原因并不是被实际放到市场上出售的股票数量，而是因为他们出售的股票对于市场而言是持续的负担。

★ 伟大的投机者也远远不是绝不犯错的。他们常常会抛售太快，随后看着市场冲向他们想象不到的高度；或者持仓太久，以至于在清仓之前遭受严重的损失。

第2章　反向推理及其后果 15

★ 长期来看，股票的价格一定由大众的意见控制。而我们都忘记的一点是，在投机市场中，衡量大众意见的单位是美元，而非人数。

★ 在价格处于高位时对利好消息保持怀疑，在价格处于低位时对利空消息保持怀疑。

★ 在长时间的上涨趋势中，"傻瓜"也能赚到钱，因为他会全盘接受事实，而职业交易员通常在对抗上涨趋势，并因为过分发展的怀疑态度而遭受严重的损失。

第3章 "他们" 25

★ 不论在成功的交易员中还是在新手中，这种市场中的"他们"理论都非常普遍，只不过在新手中普遍的程度可能更甚。

★ 在我看来，许多失败发生的原因，都是试图将投机和投资行为简化成一种不可能存在的确定形态或理想的简单模型。

★ 当市场已经极度疲软，当新闻充斥着最坏的利空消息，当熊市的预测已经成为普遍的观点，这时就是买入的时机。

第4章 混淆现在与未来——折现 37

★ 有时候，事件发生之前的不确定性，要比随后发生了最糟糕的事情更加令人沮丧。

★ 必须时刻记住起作用的是资金，而不是买家或卖家的人数。少数几个资本大鳄提前掌握他们认为是准确的消息，可能会抵消掉上千个持有相反意见的小股民对市场的影响。

目 录

★ 他的担忧与他的持股仓位正相关，仓位越重，恐惧越大，并且恐惧会被按照几何级数放大。

第5章　混淆个体与大众 49

★ 活跃的交易员所遇到的最大的困难之一，就是在自己已经重仓押注市场会上涨或下跌时，仍然能让自己的思维保持客观、不带偏见。

★ 如果市场正在下跌，不论交易员处于盈利的状态还是正遭受亏损，不论他的股票是在一年之前买入还是在两天之前买入，他都必须卖出。

★ 当市场看上去走势最强的那一刻，很可能就已经接近了顶点，当价格看上去似乎已经直线下落到零点的时候，通常已经接近谷底。

第6章　恐慌和繁荣 63

★ 在恐慌的过程中，你会注意到有这样一个时期：几乎所有人都认为股价已经足够低，但是价格还会下跌到更低的水平。

★ 许多认为自己在谷底附近"建仓"的投资者，发现自己认定的其实是假的谷底，最终会在进一步的下跌中抛售持有的股票。

★ 在牛市中，谨慎的人只能获取适量的利润——但那些有了"蝇头小利"就会交易的人，却能在价格的上涨中获得最大的收益。

第7章 冲动操盘者和沉着操盘者 75

★ 在牛市接近尾声时，会出现一项显著的变化。价格很容易下降，并且交易规模也更大，而上涨却很迟钝，下跌的幅度更大，因为存在大量套利抛单。

★ 熊市的结束，以"支撑"的再次出现和"压力"被移除为标志，因此价格会从下跌中快速、大幅度反弹。

第8章 个体的思维态度 81

★ 交易员必须是有逻辑的乐观主义者。许多市场常客具有浅薄的悲观情绪，很难再有比他们更悲惨的命运了。

★ 新手，或者不会密切关注技术面的人，当他在谈论"预感"的时候，仅仅是在故弄玄虚地欺骗自己。

附录 三大金融泡沫与群体心理 91

第1章

投机周期

> ★ 只要价格由买卖双方的竞争而决定,只要人类追求利润而害怕亏损,投机周期在未来仍将持续地诞生、消亡。
>
> ★ 投资者的抛售之所以如此有效,根本原因并不是被实际放到市场上出售的股票数量,而是因为他们出售的股票对于市场而言是持续的负担。
>
> ★ 伟大的投机者也远远不是绝不犯错的。他们常常会抛售太快,随后看着市场冲向他们想象不到的高度;或者持仓太久,以至于在清仓之前遭受严重的损失。

在股市中,绝大多数有经验的职业交易员都会欣然承认,微小的波动性——在活跃的投机中累计每股5美元或10美元的涨跌幅度——基本是股民的心理作用导致的。这些波动性来自于大众股民的不同态度,或者更准确地说,来

◢ 尽管交易条件可能变化,公司和证券可能变化,金融机构和规则可能变化,但人性基本是相同的。

★ 格雷厄姆

> 投资者最需要而又很少具有的品质是金融历史的意识。对绝大多数公司，人们在普通的投资过程中更多和更重要的是考虑其波动的因素，而很少考虑其长期的成长和衰退性。
>
> ★ 格雷厄姆

自那些当时对市场感兴趣的人们的态度。

一般来说，这样的波动性有可能是基于"基本面"条件产生，但也有可能不是。所谓"基本面"条件，是指该股票分红股息的预期实际变动，或发行股票公司盈利能力的变化。市场的总体走势常会持续数月甚至数年，通常受宏观经济形势影响。但是规模略小的中等波动，代表大众股民想法的变化，它可能和"基本面"因素相关，也可能无关。

心理作用日复一日地影响着股市，为了清晰说明影响的程度，只需要重现一段发生在职业交易员之间的对话，这样的对话你几乎每天都能在新街或周围的咖啡厅里听到。

"那么，你知道些什么？"一个交易员对另一个人说。

"我刚刚把持有的美国钢铁平仓了"，另一个人回答，"太多人这么干了，每个人似乎都看空。"

第1章 投机周期

"我遇到的每个人想法都和你一样。他们都平仓了,因为他们觉得其他人都看空,但市场仍然没有重整旗鼓。我觉得看空的力量没剩多少了,如果事实如此,那我们很可能迎来再次下跌。"

"没错,他们都这么说,并且他们已经全部再次卖空,因为他们觉得别人都平仓了。我相信现在的看空力量仍然和之前一样。"

很明显,这一系列颠倒的对话可能会一直持续下去。这些警觉的思维"杂技员"的想法,在交替进行反转。在逻辑上,每一个反转都会导致下一个反转产生,永远不会停止。

他们讨论的核心问题,是对于一个看空市场的人而言,他的心态是否和一个看多者有明显的差别。在这样的一段对话中,他们研究的都是那些对市场感兴趣的人们的想法。如果一群想法易变的、在市场中进进出出的交易员看多,那么一旦市场出现变弱的迹象,他们就会加速出售手中股票,导致市场衰退。如果大多数人看空,那么他们就会在市场出现任何走强迹象的时候买入,因此可以预期市场上涨。

看待投机中的心理因素,有两种同样重要的视角。第一种:大众股民不同的态度,会对价格的变化有怎样的影响?心理状态如何影响市场的特征？第二种：个人交易者的心态将对他成功的可能性起到怎样的影响？他前进的路上，会布满由他所怀有的希望、恐惧、胆怯和固执放置的障碍，他能在多大程度上克服这些障碍？他该怎么做？

这两种视角如此紧密地纠缠混合在一起，以至于不可能割裂，而单独考虑其中之一。首先，应该整体来看待投机心理这个话题；然后，试着针对它对市场的影响，以及它对个人交易者财富的影响这两个方面得出结论。

讨论这个问题的一个很好的切入点，就是简单追溯一下典型投机周期的历史。在世界上的每一个股票交易所中、每一个投机市场中，每一次的投机周期都有着无穷的变化形式，但同样具有显著的相似性，它就这样年复一年地自生自灭。并且只要价格由买卖双方的竞争而决定，只要人类追求利润而害怕亏损，投机周期在未来仍将持续地诞生、消亡。①

在当下，由迟钝这一先决条件和人们对市场的兴趣开始，在交易行为中，伴随着微小的波动和非常有限的大众兴趣，价格开始上涨，最开始上涨的幅度几乎微弱到难以察觉。市场上也会出

---

① 作者在《经济学季刊》第XVI卷，第2期中全面地讨论了这一问题。纽约大学商学院院长约瑟夫·弗莱彻·约翰逊在第VII卷的《现代商业》中，彻底总结并引用了该文章。

第1章 投机周期

现没有特殊理由的上涨，因此这种上涨一般被认为仅是暂时性的，很可能是由职业交易员的操盘行为所致。当然，肯定会存在空头，即卖空股票①行为。一支活跃的投机股票绝无法摆脱空头。

尽管在投机周期的这个阶段，大众的投机行为几乎不存在，但还是有少数人愿意为了如此小幅的上涨而出售股票，因此这个价位并未导致出现大量套利抛盘。资金较少的交易员会转而站在空头立场，认为在此时微小的波动就是市场能产生的最好结果，因此如果能够利用波动锁定一些利润就一定要行动。

不久，又一次波澜不惊的上涨动作开始，使价格上升到比第一次稍高的位置。少数精明的交易员看多，但大众仍然不受影响。空头会

> 由股市造成的错误迟早都会由股市自身来纠正，市场不可能对明显的错误长久视而不见。
>
> ★ 格雷厄姆

---

① "卖空股票"，意味着操盘者为了远期交割而抛售股票。他可能真的拥有这些股票，但当时并没有在手边，因此他需要时间获得这些股票——例如，从其他城市或国外得到这些股票。或者他也可以没有要出售的股票，但是正计划购买，只不过这些股票在不久的将来交付，因为他相信那时购买股票要更加便宜，这就使得他能够通过"卖空股票"来赚取利润。在活跃的投机交易中，总会存在"空头"，只不过有时空头的力量大，有时力量小而已。

> **1** 价格波动对真正的投资者只有一个重要的意义:当价格大幅下跌后提供给投资者买入的机会,当价格大幅上涨后提供给投资者出售的机会。
>
> ★ 格雷厄姆

> **2** 即便是聪明的投资者也可能需要坚强的意志才能置身于"羊群"之外。
>
> ★ 格雷厄姆

在价格上升到高得多的水平时清仓退场,但现在他们仍在沉睡,并拒绝醒来。

价格持续坚挺,逐渐上涨,终于猛地暴涨起来。有一些异常谨慎的空头平仓,可能还锁定了一些利润,或者避免自己的账户出现亏损。牛市拐点来临这一事实,现在又穿透了一层智力的防线,又一批交易员站在了多头的位置。大众注意到了上涨的现象,并认为可能未来会出现进一步的上升势头,但是他们同时认为一定存在大量机会,使他们能够在市场出现实质性的回调情况后买入。

奇怪的是,这些实质性的回调并未出现,有的只是微不足道的下跌。等待中的买家并没有获得满意的机会建仓。价格的上涨速度开始加快。上涨势头会不时地暂停,但当真正的回调终于出现时,市场看上去"太弱了,不适合进入";而当市场再次启动时,它通常会突然发生跳跃式暴涨,把那些自认为是买家的人远远抛在后面。

第1章 投机周期

终于，更为顽固的看空者也变得警觉，开始大量平仓。市场"沸腾了"，对于观察形势的空头来说，市场价格似乎每时每刻都在突破上限。不管空头多么坚定地看空，他的神经系统最终也会在价格不断地冲击下崩溃，然后他会把"市场上的"一切平仓，伴随着一声长叹：终于解脱了，损失不会再加剧。

大概也在此时，市场外的大众开始形成一致的看法，"市场走势太强了，不会有太大的回调"，唯一能做的事情就是"不顾一切地买入，能买就买"。这就是又一波买入的来源。而这波买入会将价格推向新高，并且买家皆会因那些快速并且轻而易举地获得的利润而庆祝。

每一个买家都会对应一个卖家，或者更准确地说，每100股被买入的股票都会对应100被卖掉的股票，因为在这个阶段，买家的人数可能要远大于卖家的人数。在上涨阶段的早期，股票的供应量很少，并且来源也很分散；但随着价格走高，越来越多的股票持有者对已经获

> 如果总是做显而易见或大家都在做的事，你就赚不到钱。对于理性投资，精神态度比技巧更重要。
>
> ★ 格雷厄姆

得的利润感到满意，愿意出售股票。同时，空头也在价格每次上涨时卖空，以此来对抗价格的上升势头。一个顽固的空头，通常会被迫一次又一次平仓，每一次都会经受少量损失，直到他最终确定了价格的最高点，并确保能在随后的价格大跌中获取丰厚的利润回报。

一般来说，那些在这一阶段卖出的人并不是最大的持股人，这已是一条铁律。最大的持股人通常判断相当准确，或者人脉足够出色，因此能够赚到一大笔钱；而不论准确的判断还是出色的顾问，都不太可能在上涨这一早期阶段做卖出的决策，因为只需要继续持股就能再赚到丰厚的利润。

现在，价格能够被推到多高的位置取决于基本面条件。如果银根宽松并且宏观经济形势繁荣，那么可能出现持久的牛市走势；而收紧的银行资源和不景气的贸易，则会给可能的上涨设置一个明确的上限。如果基本面条件偏熊市，那么最大的空头平仓这一举动，就可能会造成上涨被终结；但是在真正的牛市中，上涨会持续，直到人们开始出售以投资为目的而持有的股票。因为只有人们相信价格过高的时候，投资用途的股票才会被放入市场中出售。

从某种意义上说，市场实际上是投资者和投机者的比拼。真正的投资者主要看中股息回报，但绝不会反对通过低买高卖获取利润。当买入他们喜爱的股票能够带来6个百分点的回报，或者卖出股票仅能带来4个百分点的回报时，投资者可能就会出手。投机者毫不关心股息回报。他们希望在价格上涨之前买入，并在价格下跌之前做空。如果价格仍能继续上涨，即使价格已经处在一轮上涨的高位，他也会和在其他任何时间点一样，毫不犹豫地买入。

随着市场走高，一个接一个的投资者看到价格已经上涨到自己的心理价位，将股票卖出。因此，在看多的投机者之间换手买入或抛售的股票数量，如滚雪球般越来越大。一般在幅度为每股5~20美元的中等程度波动中，投资者抛售的这些股份数量与投机者相比是很少的。对于100股卖价为150美元的股票，投资者投入的资金是15 000美元；但如果投机者有这些钱，他们经手的股票数量能达到投资者的10倍。

投资者的抛售之所以如此有效，根本原因并不是被实际放到市场上出售的股票数量，而是因为他们出售的股票对于市场而言是持续的负担。如果不是价格发生暴跌，这些股票是不会再次被投资者购回的。而如果一个投机者抛售了股票，那么第二天，他或者其他交易员就可能再次把股票买回去。

时间发展到似乎每个人都在买入的时候，价格变得让人迷

| 由于大多数人骨子里倾向于投机或赌博，受欲望、恐惧和贪婪所左右，因此大多数时间里股票市场都是非理性的，容易有过激的股价波动。

★ 格雷厄姆

惑。一只股票的价格急速上涨，引起了最后的看空者的恐慌；而另一支股票也很强势，但是它会不起眼地略微回落，没有人注意到，就像在我们童年的法则中，从井里跳出的一只青蛙；还有一支股票在一个地方剧烈地震荡，就像搁浅在沙洲中的一艘外轮汽船。然后，市场突然下跌，下跌的幅度之大，好像有使它笨拙的内容全部外溢的危险。这会被人们欣然视作"健康的回调"，这种下跌对于空头来说是健康的，但是除此之外，究竟于谁而言是健康的还是个谜。价格再次回升，每个人都非常高兴，只有一些不满的空头除外，他们现在会被人轻蔑地当成笑话看待。

但是，奇怪的是，股票的数量似乎足够满足所有的入场者，并且少数能有时间想到这个问题的怪人，会注意到现在的平均价格仍在上涨，但其上涨速度变得非常缓慢。最大的股票投机者发现市场已经大到足够消化他们的抛售，于是开始出仓，同时股票的数量总是足够周转，我们那些资本巨鳄极少会完全空仓。他们只是在价格低的时候持股更多,价格高的时候持股减少。此外,在任何供给不足的征兆可能出现之前,已经出现了许多新的问题。

当大众对股票市场产生兴趣的时候,大量的股票套现通常需要3~4天、甚至一周的时间才能被消化,随后就是价格一泻千里;但如果投机程度有限,价格可能会在顶峰附近维持数周或数月,大股东逐渐抛售,这里几百股,那里几百股。甚至账面上会留下结余,在随后的暴跌中,只要能够出售,剩余的股票会以任何价格被抛售。伟大的投机者也不是绝不犯错的。他们常常会抛售太快,随后看着市场冲向他们想象不到的高度;或者持仓太久,以至于在清仓之前遭受严重的损失。

在这样的抛售中,多头领袖从空头那里得到了帮助,尽管这并非其有意而为。不论多头多么谨慎地试图掩盖自己的出售,他们的诡计都会被警惕的职业交易员和精明的新手发现,于是大量零星的卖空会在距离价格峰值几个点

> 投资者与投机者最实际的区别在于他们对股市运动的态度上:投机者的兴趣主要在参与市场波动并从中谋取利润,投资者的兴趣主要在以适当的价格取得和持有适当的股票。
>
> ★ 格雷厄姆

的区间内出现。这就是导致下面这个现象的一个原因：对于投机行为活跃的股票，长线交易与价格的比例要低于性质差不多、但投机行为不活跃的股票——这和大家通常的印象是相悖的。对于走势平稳的股票，很少存在特别大被做空的兴趣。一旦这种头重脚轻的形势被反转，那么崩盘的速度通常要比之前上涨的速度更快。流动的供给现在已经猛增，一个又一个投机者以越来越低的价格抛售。有时候这些股票会暂时由顽固的人持有，部分这样的空头会被吓到并平仓，导致价格陡然上升；但只要股票的量还在市场中，那么价格的大走势必然是向下的。

在投资者或投机巨鳄再次入市之前，普通的投机多头持有的股票几乎会一直上升。华尔街上流动的股票供给并不会减少，并且空头的数量会逐渐增加；当然，这些卖空的行为和实际的股票一样会由多头承担，因为不论卖出股票的短线投机者还是长线投资者，每一个卖家都必定对应一个买家。空头会在价格暴跌的时候一次又一次补仓，但在大多数情况下，只要有机会，他们还是会再次把自己的持仓以或高或低的价格抛售。总的来说，价格处在低位的时候看空的人数最多，尽管在下跌的过程时，可能存在价格降到最低点之前的某些时刻，看空的人数更多。在最低点处，空头的买入通常可以帮助避免恐慌局面的出现。

第1章 投机周期

如果价格下跌的幅度和之前上涨的幅度相似，那么下跌的持续时间取决于基本面。对于投资者和投机资本来说，如果所有的基本面条件都有利，那么相比处于银根紧缩的货币市场，或对未来的经济形势预期不乐观时的情况，他们进入市场的速度会更快。如果"廉价甩卖日"没有到来，买家就不会大量出现，这已经成为一条规律。所谓"廉价甩卖日"，是指在价格下跌的过程中，天量的股票集中出现在充斥着止损抛单①的区域。场内交易员抓住机会抛售短线，从而导致崩盘产生。

这里以低廉的成本可以获得大量的股票，精明的操盘者忙于购入这些股票。这些操盘者的资金实力有大有小，但大部分都是大操盘者，或正处在发展成为大操盘者的阶段上。由于价格的迅

> 由于大多数人骨子里倾向于投机或赌博，受欲望、恐惧和贪婪所左右，因此大多数时间里股票市场都是非理性的，容易有过激的股价波动。
>
> ★ 格雷厄姆

---

① 止损抛单，或者更简洁地说"止损单"，是指只要价格达到低于下单时现价的某一个具体价位时，立即抛售股票的卖单。例如，假设美国钢铁卖价为90美元，如果持有者希望控制可能的损失，他会指示经纪人当价格达到88美元时抛售。或者如果交易员看空现价为90美元的美国钢铁，而价格上涨到92美元，他可能会下单购买股票以"平仓"，或者将股票出售给买家，从而将损失控制在大约两个"点"，也可以说是每股2美元。

速下跌，许多投资者的固定底线也已被击穿，他们购买的股票消失不见，直到下次牛市来临之前，在华尔街上都不会再见到。

许多空头在这样的下跌中补仓，但不是所有人都会这么做。"廉价甩卖日"的结果，就是大量的看空者在其市场上驻留过久，伴随着价格的迅速回升；但是当更加紧迫的空头抛售，价格会再次下跌，直到沉睡的状态。而对投机周期的考虑，也是从这种状态开始。

不论周期持续一个星期、一个月或是一年，其走势实质上都是一致的。大的周期包含许多中等程度的走势，相应地，这些走势里也包含更小的波动。投资者无论怎样都不会参与小波动，但尽管很难辨别，在3个点的涨跌中包含的推力，实际上和30个点的周期中的推力是一样的。

马上就可以看出，上面的描述本质上是关于人类希望和恐惧的故事；是关于那些对市场感兴趣的人的思维态度的问题，这种态度是由他们在市场上持有的仓位决定的，而不是对基本面条件经过仔细判断而产生的；是大众的一种无根据的预测，将感知到的现在投射到虽不可知、但也并未完全无法预计的未来。

现在，把基本面条件对价格的影响放在一边，我们的任务是在投机中找到这些心理因素产生的原因和带来的影响。

第2章

反向推理及其后果

> ★ 长期来看,股票的价格一定由大众的意见控制。而我们都忘记的一点是,在投机市场中,衡量大众意见的单位是美元,而非人数。
>
> ★ 在价格处于高位时对利好消息保持怀疑,在价格处于低位时对利空消息保持怀疑。
>
> ★ 在长时间的上涨趋势中,"傻瓜"也能赚到钱,因为他会全盘接受事实,而职业交易员通常在对抗上涨趋势,并因为过分发展的怀疑态度而遭受严重的损失。

对于大众形成的意见,一般人很难去反对。在股票市场,这一情况表现得比其他任何地方都更明显;因为我们都知道,从长期来看,股票的价格一定由大众的意见控制。而我们都忘记的一点是,在投机市场中,衡量大众意见的单位是美元,而非人数。一个拥有100万

⌐ 战胜市场平均水平非常难,如果你还是想试一试的话,那么,第一,你要有一个内在合理的策略;第二,这个策略得是市场上不流行的。

★ 格雷厄姆

美元的人，和500个分别拥有1000美元的人，从意见的权重来看，前者是后者总和的两倍。市场的动力是美元，人数多并不能说明什么。

这就是为什么在股市处于顶点时，主体意见偏向牛市，而在市场处于谷底的时候，主体意见偏向熊市。大量小交易员组成的群体，在价格处于高点时一定看多，而在价格处于低点时一定看空，这一必然性是显而易见的。他们在市场处于高点时看多这一事实，表明一定有其他来源向他们提供了股票。

再强调一次，拥有100万美元的人是沉默的个体。需要他说话的时代已经过去，现在是他的资金发言，但是1000个分别拥有1000美元的人则是极度健谈的、言辞流利的、啰嗦的。

> 股市从短期来看是"投票机"，从长期来看则是"称重机"。
>
> ★ 格雷厄姆

上面的推理过程将会导致下面结论的产生：在考虑到投机波动的时候，那些谈论市场的大多数人的意见更可能是错误的。我们并不是要赞成"腐朽的大众意见"这一论调，但是大多数老道的报纸读者都会同意这一点。每天

第2章　反向推理及其后果

的新闻以一般性的方式反映出大众的想法，在股票市场中，只要对事实做一下逻辑推论，就可以知道，大众的意见十分可能在价格高时偏向牛市，在价格低时偏向熊市。

人们常说，普通人在看待自己的事情时是一个乐观主义者，而在看待其他人的事情时则是一个悲观主义者。对于股市中的职业交易员来说，这种说法当然也是成立的。作为前文列出的推理过程及结果，他会习惯于认为除了自己以外的别人都是错的，但是他对自己对于情况的分析将被证明是对的很有信心，这几乎成为了一种准则。他只重视少数几个在他看来通常都是成功的人的看法；但是除了这少数几个人，他听到的、看到的意见越多，他就越怀疑他们的正确性。

股市中这种明显的矛盾，尽管经过分析很容易理解它产生的原因，但它还是给职业交易员培育出一种奇怪的怀疑主义，使他们总是不相信显而易见的事实，并且针对股市中几乎所

> 买股票是买一宗生意的一部分；市场总是在过度兴奋和过度悲观间摇摆，聪明的投资者是从过度悲观的人那里买来，卖给过度兴奋的人；你自己的表现远比证券的表现本身更能影响投资收益。
>
> ★ 格雷厄姆

有的问题，都应用一种反向推理的思考模式。通常，在那些没有与生俱来的强逻辑性的交易员脑海中，这种反向推理会表现出最奇特和古怪的形式，并且也是导致很多荒谬的价格波动产生的原因，而这样的波动通常会被扣上价格操作的"帽子"。

例如，一个交易员是这样看待市场的：市场的涨幅很大，所有的小交易员都是看多的，所以他们持有的股票一定是有人卖给他们的，因此资本巨鳄可能正在清仓或者卖空，并准备好迎接价格的回调或可能出现的熊市。然后，如果一条对牛市有很强支撑的新闻出现（让我们假设这条新闻报道的内容真的能促使市场情况发生转变），他会说："啊，所以这就是他们一直在推动市场上涨的原因！之前的涨势已经提前将这件事能带来的上涨折现"，或者他可能说："他们一直在发布这样的牛市新闻，为了抛售股票。"他会继续清仓持有的任何长线股票，或者可能开始卖空。他的推理过程可能是正确的，也可能错误；但是不管怎样，他的抛售和其他持有相似推理过程的人的抛售，至少很可能在好消息被公布的时候造成市场暂时性下跌。在外人看来，这种下跌很荒唐，那么他就会回到古老的解释："这都是价格操纵的结果。"

同样的道理还能被更进一步应用。例如，你会发现，职业交易

第2章 反向推理及其后果

员推论钢铁行业的良好数据是捏造的,以促使业内人士卖出美国钢铁;或者发布出来的低迷报告,是为了辅助积累股票。因此,他们采取的行动可能和新闻报道中相反,并至少在一定时间内推动市场和他们一起移动。

  一个交易员关于金融环境的基本面了解得越少,他就越可能由于使用这种方法而得出错误的结论。如果他对基本面的良好情况有信心,那么他有可能认为一条新闻是真实的、符合实际的,否则他可能带着愤世嫉俗的怀疑的心态看待这条新闻,并把它作为支持自己卖空行为的基础。如果他知道基本面并不健康,他就不太可能把利空消息解读成为了积累股票而发布的烟幕弹。

  同样的推理过程,还可以被应用到分析股票经纪人的大量买入上。事实上,在这种情况下,我们通常会听到可称为双重反向推理的情况。这样的买入可能会给观察者带来3种印象。

  "门外汉"仅从表象来看待这件事,认为

> 投资如经商,要遵守以下商业原则:像了解你的生意一样了解你的投资;切勿让别人帮你理财,除非确信他的能力和品行;不要投风险和收益不对应的项目;如果确信投资所依据的数据和推理正确,不要管别人在干什么。
>
> ★ 格雷厄姆

这是牛市的信号。一个更有经验的交易员可能会说："如果他们真的希望得到股票，他们不会通过自己的经纪人去买，而是会通过将购买行为分散到其他各处来隐藏自己的意图。"而一疑心更重的交易员可能会在心里再转一个弯，说："他们利用自己的经纪人买入，就是想蒙蔽我们，使我们认为这是其他人在使用他们的经纪人作为障眼法。"通过这样的双重反转，交易员将会得出和门外汉一样的结论。

假设一位交易员巨头，因为获得小额利润而快速进行买卖交易而闻名。如果他公开进行大笔买入和卖出，那么交易员的推理过程将变得更为复杂。如果他买入50 000股，其他交易员会很乐于把股票卖给他，并且他们对于市场的看法基本不会受到影响，因为他们知道这个人可能在第二天甚至下一个小时就会把50 000股卖掉。由于这一原因，资本大鳄有时候会借助这样的交易员巨头的帮助，执行他们的交易，并且不会引起怀疑。因此，围绕着这种大额交易进行的微妙的智力博弈，通常会变得极为复杂。

需要注意的是，这样的反向交易只有在走势的峰顶或谷底才有效，因为这时股票的派发或积累都是以天量在进行。如果在经历了很大的上涨之后，市场总是重复地拒绝对利好消息作出回应，

第2章 反向推理及其后果

那么这个市场很可能已经"堆满了股票"。相似地,如果一个市场在利空消息产生后也不会下跌,那么它通常"缺少股票"。

这两种极端情况之间,是很长的走势,资本大鳄在这段时间里没什么理由去隐藏自己的仓位。他们已经使自己的持仓成本尽可能地低,因此希望被看作上涨趋势的领袖,并且十分愿意公开自己的每次买入动作。这种情况会一直持续,直到他们打算抛售股票。相似地,如果他们已经出售了足够的股票,他们也不会再进一步隐藏自己的仓位,即使随后的下跌可能会持续数月甚至一年。

在长时间的上涨趋势中,"傻瓜"也能赚到钱,因为他会全盘接受事实,而职业交易员通常在对抗上涨趋势,并因为过分发展的怀疑态度而遭受严重的损失。最终,成功的交易员会学会在什么时候需要反转他正常的思考过程,在什么时候会让思考过程保持不变。通常,他都会形成某种直觉,不会一成不变。但是对于新手来说,这种推理形式极度危险,因为它使得对任何事件都会产生另一种解读。利好消息要么是对于价格的上升趋势十分重要,要么是表明"他们"正在试图控制市场,为自己抛售做铺垫。利空消息可能代表真正的熊市走势,也可以表示有人试图用很低的价格积累筹码。

因此，没有经验的操盘者都会感到十分困惑。他使用职业交易员最先进的武器在市场中拼杀，但却很可能伤到自己。如果每一个事件都能从正反两方面进行解读，那么试图把自己的推理应用在分析股市趋势上还有什么用呢？

> 最聪明的投资方式，就是把自己当成持股公司的老板。
>
> ★ 格雷厄姆

从长期角度来看，职业交易员对显而易见的事实的不信任态度对他自己是没有帮助的。我们中的大多数人都曾遇到过那些悲惨的、精神受损的人，这些人通常是在经纪人办公室中"不务正业的人"。他们的"思考机器"由于持续的复杂运转，似乎受到了永久的损坏。他们总是在每一件事情中都寻找"不可告人的动机"。他们认为摩根和洛克菲勒使用了特别卑鄙的阴谋，并认为他们在一些事情上表现出最可恶的口是心非，但实际上他们所说的那些事太微不足道，根本不会被这些"金融巨头"注意到。这种反向思考就是不理智的，持续地使思考引擎反向运转，有时候会扰乱它的运行机制。

第2章 反向推理及其后果

"坚持常识",可能除了这条简短的原则外,再也得不到其他更好的通用原则——保持一个平衡的、开放的头脑,并避免进行太深奥的推论。不过,我们可以给出几条更有深度的建议。

如果你已经在市场中建仓,不要对明显的事实进行精妙的智力解读,试图借此来提升自己消逝的信心。如果你对市场看多或看空,你就不是一个中立的法官,并且你对当前事实的解读方式,会非常明显地倾向于与自己已经持有的观点相一致的方向。毫不夸张地说,这就是成功的最大障碍。至少,你所能做的是在支持自己的立场时,避免使用反向推理。

在经历了持续的上涨后,不要求助于反向推理证明价格还会上涨得更高;同样地,在暴跌之后,也不要让自己看空的推论变得太过复杂。在价格处于高位时对利好消息保持怀疑,在价格处于低位时对利空消息保持怀疑。

记住,一条新闻通常只会导致价格产生一

> 你是正确的,因为你的事实是正确的,你的逻辑是正确的,而这也是唯一证明你正确的东西。
>
> ★ 格雷厄姆

次明显的变动。如果价格的变动因为谣言和人们的预期而发生在新闻公布之前,那么在新闻公布之后就不太可能再次重复变动;但如果价格的变动并没有提前发生,那么新闻就会导致情况变化,并且价格的变动也会随之发生。

第3章

"他们"

> ★ 不论在成功的交易员中还是在新手中,这种市场中的"他们"理论都非常普遍,只不过在新手中普遍的程度可能更甚。
>
> ★ 在我看来,许多失败发生的原因,都是试图将投机和投资行为简化成一种不可能存在的确定形态或理想的简单模型。
>
> ★ 当市场已经极度疲软,当新闻充斥着最坏的利空消息,当熊市的预测已经成为普遍的观点,这时就是买入的时机。

一个对股票市场完全不熟悉的人,如果他为了了解导致价格产生变动的原因,花上几天的时间待在证券交易所附近,听各个交易员和投资者的对话,那么最后在他头脑中最迫切的问题将会是:"'他们'是谁?"

他去到的每个地方,都会听到关于"他们"的消息。在部分经纪行的客户房间中，他会发现年轻人进行几十份股票的交易，并很有经验地在讨论"他们"接下来将怎么做。不论专家还是新手的盘口分析员，都会告诉他"他们"正在囤积美国钢铁，或者出售雷丁国际（译者注：Reading是Reading International Inc.，纳斯达克上市股票）。场内交易员和证券交易所的成员低声讨论，称自己听说"他们"正要推动市场上涨或下降（上涨还是下跌由当时的市场走势决定）。尽管市场处于熊市，即使沉着的投资者也可能告诉他，"他们"毫无疑问会暂时将市场推高，以抛售"他们的"股票。

不论在成功的交易员中还是在新手中，这种市场中的"他们"理论都非常普遍，只不过在新手中普遍的程度可能更甚。对于情况为什么会变成这样，也许还有探讨空间。但是这一理论本身的存在，是毫无争议的。不论"他们"仅是人们的迷思还是真正存在的事实，许多人都通过从这一视角上研究市场而挣到了钱。

▲一个成功的投资者不需要很高的智商或丰富的商业知识，他们所需要的是一个不感情用事的冷静头脑与用合理的价格购买优良的股票。

★ 格雷厄姆

第3章 "他们"

如果你前往美国华尔街,向不同类别的交易员提问,希望知道"他们"是谁,你问了多少人可能就会得到多少种答案。一个人会说:"摩根家族",而另一个人回答:"美孚石油和相关的利益方"——如果你停下来想一想,这种回答相当宽泛;一个人会说:"银行巨头利益集团";还有一个人会说:"场内的职业交易员";第五个人会说:"许多有不同侧重股票的联合基金,或多或少地采取一致的动作";第六个人可能说:"精明而且成功的投机者,不论他们是谁,不论他们在哪";而对于第七个人,"他们"可能仅仅代表活跃股民的整体,他认为"他们"通过每一个人争先恐后地买入或卖出决定价格。

事实上,一位很有学识的作家,同时也是股市新手,他相信纽约股市的整体走势是由某个个人控制的。这个人在某种程度或者以某种形式出现,是一个巨大相关利益集团的代表。

显然,不可能追溯到某种永久控制力量的源头,不可能辨识并定义它。全球证券市场的大体波动基本一致,所以这样的力量必须包含全球范围的庞大金融利益集团,控制着所有主要的证券市场。普通的观察者会很难咀嚼并消化这样的观点。

在我看来,许多失败发生的原因,都是试图将投机和投资行为简化成一种不可能存在的确定形态或理想的简单模型。外交官

A.S.哈迪以前是数学教授，著有关于四元法和偏微分的书籍。他曾经说道，数学是很差的精神训练，因为它不能培养判断。给定固定和特定的前提条件后，数学家会根据这些假设得到正确的结论；但是在实际的情况里，整体的困难就在于确定前提。

所以带有数学气质的市场新手，总是在寻找一条规则或一系列规则——用交易员的话说，就是"一件确定的事情"。他不会试图在零售业或木材业寻找这样的规则；相反，他会在每种情况出现和发生相应的动作时进行分析。在我看来，股票市场把自身作为纯粹的操作命题加以展示。科学的方法可以被用于从股市到养鸡业的任何一种产业，但是这和试图把股市的波动抽象成确定的数学基础，是完全不同的事情。

因此，在讨论"他们"的身份时，我们必须直接使用我们找到的明显事实，而不去试图编造精妙的理论。

> 今天的证券分析者会发现，自己追求每个领域最大的"数学化"和"科学化"，将导致降低自己结论的准确性。
>
> ★ 格雷厄姆

第3章 "他们"

这一关于"他们"的理论,从三个意义上来说有一些事实的基础。首先"他们"可能常常被粗略地看作三种人:证券交易所的场内交易员,他们直接负责报价;用来控制特定股票而建立的共同基金;或者独立的庄家。

场内交易员对价格的立即变动有重要的影响。例如,假设他们看到雷丁国际的供应很少,下跌并没有引发清仓,并且在上涨中只有少量的股票供给。那么不考虑预料之外的剧变,他们会认为雷丁国际并不会大幅下跌。对于他们来说,自然而然应该做的事情就是开始在所有可能的地方买入股票。不论何时,只要几百股雷丁国际的报价很便宜,场内交易员就会将其抢购入手。

作为市场上这种"抢购"的结果,雷丁股份的数量会变得更加稀少,而本身看多的交易员,其看多倾向会更加强烈。他们开始"涨价"。这并不难,因为在这时,他们几乎一致地渴望更高的价格。假设市场的买盘价格是81.125,卖盘价格是81.25,他们发现只有100股在0.25出售,200股在0.375售。他们并不能确定有多少股票在等待0.5或更高的买盘报价,但是通常可以做一下精明的猜测。一个或更多的交易员可能买入了500股,接受了这样的卖盘报价,使得市场的买盘报价变成0.5的场内交易员不愿意因为这么少的利润抛售,于是等待看是否有外部的订单会被价格这样的变动所吸引，如果情况如此，则外部订单是买单还是卖单都可以。如果出现少量的买单，则可能会以0.625和0.75的价位成交。如果卖单出现，场内交易员会有序地撤离，接受更低些的卖价，并在第二天或者可能在下一个小时继续尝试。最终，利用每个有利的机会，他们会制造一个幅度可能在两个或三个点的上涨走势，而不会买入超出他们实际需求的股票。

如果这样的走势吸引到跟进者，那么在对雷丁国际的前景没有任何实质改变的情况下，上涨幅度可能轻易地达到十个点——尽管在上涨走势发生之前，股票就已变得更加稀少的情况，可能与对雷丁国际的预期前景有关。另一方面，如果在上涨过程中出现了股票的大量抛盘，那么短暂的繁荣将被耻辱地碾碎，场内交易员会获得微薄的利润或经受微小的损失。

首先，绝大多数外行人认为，共同基金没有这么普通。在一段时间之前，我们曾有机会观察霍金煤铁公司的案例，因此知道在共同基金得以形成、共同持有和成功运营之前，存在着许多难题和复杂因素。内场交易员出于共同的兴趣，会在小范围内采用松散和资源的组织形式，来共同操盘。如果说任何一只股票存在确定的共同基金，那么它的运转基本上是内场交易员共同操盘的复刻版本，只不过规模更大，并且有具备法律

第3章 "他们"

约束力的协议。而独立的操盘者仅仅是由一个人组成的共同基金。

其次,许多人认为"他们"是一些资本巨鳄的联合组织,他们同时在许多重要的投机型股票上组织大型的行情。尽管可以很有把握地说,没有这种永久性的联合组织存在,但要证明这一说法却很难。不过下面这一情况却出现过很多次:一个大的利益集团实际上在一段时间内控制了市场,其他的利益集团愿意观望或小范围参与其中,或等到合适的机会站在另一面的立场上。

读者心中会立刻出现"美孚帮""摩根利益集团"等名字,认为他们在过去的不同时间,曾经是市场重大走势的唯一控制者。现在,最大的利益集团一般被分成三部分——摩根、美孚和库恩-勒布。

出于有限的和暂时的目的,在这些利益集团之间存在确定的协议是可能的。每一个所谓的利益集团,都是由一系列关系松散的追随者组成的。他们只有在一件事情上目标一致:控制资本。这样的"利益集团"并不是一支军队,在军队里背叛者将被送交军事法庭审判,并枪决;利益集团需要被领导,而不能被驱动。没错,从经济上来说,被发现的背叛者也会被置于死地。但是在股市的行情中,背叛者是不会被发现的,这已经成为规律。除非它的操盘体量异乎寻常的庞大，否则它肯定能成功掩盖自己的动作。

从这第二个观点来看，"他们"并不会一直活跃在市场中。只有未来在某种程度上比较确定的时候，才能产生大规模的行情。当未来的走势并不明朗，当多种复杂因素进入经济和政治形势，处于领导地位的金融巨头会愿意将自己的股市运作局限在独立的交易，并推迟将其提升为规模更大的行情，直到形成能够支撑行情的更为坚实的基础。

> 在试图冒险之前，投资者应该相信他自己和他的顾问——特别是关于他们是否有投资和投机以及市场价值和潜在价值之间差别的清晰概念。
> ★ 格雷厄姆

第三，"他们"可能会被简单地看成一般的大众投资者和投机者，即所有那些各式各样的人群，分布在全球各处，每个人都为证券交易所中价格的波动贡献了自己微薄的力量。从这个意义上来说，"他们"毫无疑问是存在的，并且"他们"是在确立价格过程中的终审法院。换句话说，"他们"就是证券的最终消费者。其他所有人，或早或晚，或直接或间接，都在计划着把自己的股票卖给"他们"。

第3章 "他们"

你可以把马牵到水边，但是你没办法让它饮水。你、我或任何一位百万富翁，都能够推高价格，但是除非"他们"有购买能力，并且有购买意愿，否则你没办法让"他们"买走你手中的股票。因此，不管怎么说，在这里我们拥有一个"他们"的概念，能够经受住分析，不至于被推翻。在大的走势正在进行的情况下，宝贵的"他们"理论在股票的积累或抛售过程中能够起到重要的帮助作用。事实上，在牛市的后期，最经常听到的论述是类似于这样的言论："没错，价格处在高位，并且我也不认为未来的前景仍是特别偏向牛市的，但是股票都掌握在巨头的手里，'他们'会让价格继续走高，以创造出能够卖掉这些股票的市场。"（有些投资者的观点是，只要新闻大部队中经验丰富的前哨战马被精心修饰并放出来展示，就要立刻抛售手中持有的所有股票。）相似地，在经历了长期的熊市后，我们会听说某些人"遇到麻烦了"，"他们"会继续打压价格，直到集中在一些大户手中的筹码被挤出来。

> 与证券类型相联系的准则可能会失效，而那些与人性和人的行为相联系的准则却始终不变。其中最有用的三条：1. 如果投机，最终你将（可能）失去钱；2. 当大多数人（包括专家）悲观时，买，而当他们相当乐观时，卖；3. 调查，然后投资。
>
> ★ 格雷厄姆

> 投资者应该只关注股价波动的两个时刻，买入和卖出的时机。其他时期则忽略股价的波动。
>
> ★ 格雷厄姆

盲目的投机者是所有人中最容易受骗的一类人，上面所说的一切都很可能是迷惑这些投机者的障眼法。当价格相比于基本面的情况已经过高，没有足够的理由支撑价格继续上涨，那么价格为什么还会上涨？但有人仅仅因为"他们"可能要怎么做而受到引诱，继续买入。或者如果大众都不会再被引诱买入大量股票，至少也会因担心"他们"的举动而不会卖空。

市场技术面是指股市每天的多空情况，技术面拥趸的操盘行为，在相当程度上依赖于他认为"他们"在接下来的举动。在他的头脑里，"他们"就是前文介绍的第一种分类：场内交易员、共同基金和庄家。他从这一概念中得到了很大的帮助，但这其实很残忍。毫无疑问，很大的原因在于，这一概念让他的想法从当前的新闻和留言中解脱出来，并且让他不会因市场短期表现而受到太严重的影响。

当市场已经极度疲软，当新闻充斥着最坏

第3章 "他们"

的利空消息,当熊市的预测已经成为普遍的观点,这时就是买入的时机。一方面,如果一个人已经认定股票的洪流从全球四面八方涌来,却因一些让人绝望的利空消息正在传出而导致无人接盘,你几乎可以认定他没有勇气跳入市场,买进股票。另一方面,如果他认为"他们"正在给市场最后一击,促使人们抛售天量股票,以辅助其完成平仓行为,那么他就有勇气去购买。他的观点可能是对的,也可能是错的,但至少他避免了在最高点买入、在最低点卖出的情况发生,并且有勇气在低迷市场中买入,并在强劲的市场中卖出。

"他们"对于普通股民之所以是一个模糊的概念,是因为普通股民只关心"他们"在股市中如何表现"他们自身"。至于"他们"究竟是谁,人们只持有淡淡的、超然的好奇心;但是对于"他们"在市场中的表现,他则无比关心。因此,他会将自己的想法集中在后一点上。

对于市场形势确定的、煞费苦心得到的分析总是比朦胧地、浮光掠影地一带而过要好,出于这一原因,如果交易员或投资者忘掉"他们",其表现将会好得多。除非有具体的指代内容,否则"他们"这个词毫无意义;而在头脑中没有具体指代内容的情况下,持续地使用这个词就是草率的用语,也反映出草率的思考。如果"他们"是指大银行利益集团，那么将会与指代"独立庄家"的含义直接形成冲突；而庄家可能在试图给代表"场内交易员"的他们设下陷阱。

　　市场技术面的真正知识，并不能从对于"他们"将要怎么做的草率宣言中获得。你无法决定每一个对市场感兴趣的个体看待市场的态度，但是你可以大体上对买卖动作的来源进行划分，可以对驱动不同类型人群的动机进行划分，可以对多空的看法进行划分。简而言之，如果你根据技术面决定自己的操盘行为，那么在经过足够的研究和观察之后，对于"他们"你总是能在自己的脑海中形成一个具体的指代对象，这也是必须要做到的。

第4章

混淆现在与未来——折现

★ 有时候,事件发生之前的不确定性,要比随后发生了最糟糕的事情更加令人沮丧。

★ 必须时刻记住起作用的是资金,而不是买家或卖家的人数。少数几个资本大鳄提前掌握他们认为是准确的消息,可能会抵消掉上千个持有相反意见的小股民对市场的影响。

★ 他的担忧与他的持股仓位正相关,仓位越重,恐惧越大,并且恐惧会被按照几何级数放大。

缺乏经验的交易员和投资者,以及许多有经验的人都持续地努力推测已经发生的事情,这一点是不言自明的。例如,假设公布的收益数字表明铁路的净利润持续高速增长,新手就会推测:"增长的收益表明能用于分红的金额

↲ 认为普通大众可以通过预测市场来赚钱是可笑的。

★ 格雷厄姆

在增长。价格应该上升。我要买入。"

实际情况根本不是这样。他应该说："除非有其他的因素形成对冲,否则价格已经上升到这些增长的收益所反映出来的程度。接下来会发生什么呢?"

当前的条件会持续下去,这是人类思维的一种自然的假设,我们整个生活的体制在很大程度上都基于这一假设。当小麦的价格高涨时,农民会增加小麦的种植面积,因为能得到更好的收益;当价格处于低位时,他们就减少种植面积。我记得曾经和一个种植土豆的农民聊天,他声称自己挣到了很多钱。他使用的方法很简单,就是采取和通常习惯相反的举动。当土豆价格低的时候他大量种植;当价格高的时候则减少种植面积——因为他认为别的农民都会采取和他相反的做法。

一般人并不拥有缜密的分析思维,这既可以说是他们的不幸,又可以说是他们的幸运,具体要取决于你如何看待事情的发展。我们"透过一扇模糊的窗子"在观察,我们的想法总是被笼罩在薄雾之中,我们推理能力的运转总是千篇一律,即使有微弱的可能来摆脱这种状况,也需要花费极大的努力。我们的大量情感和部分行为仅仅是对外界刺激的自动反应。尽管人类大脑的发育令人惊奇,但最初它只是一个放大的神经节,而它的第一反应

第4章 混淆现在与未来——折现

也仍然和那个神经节的反应一致。

我们对待早晨叫醒我们的闹钟的敌意，就很简单地说明这种反应。我们仔细地设好闹钟时间、上好发条，如果它没有响，就可能给我们造成极大的不便；但如果它按时响了，我们给予忠诚的闹钟的奖励，却只有诅咒。

如果一列地铁晚点，在站台上等待的人群中，10个人里有9个都会伸长脖子去看列车是否驶来；而已经在列车上的乘客，许多人都有可能因列车晚点而错过自己的安排，他们只能情绪紧张地祈祷列车将时间追回来，为此他们甚至愿意提供一些帮助。尽管在很大程度上是无用或低效的，但我们还是愿意花费更多善意的、身体上或精神上的能量去实现一个目标，而不愿把这些能量用于分析或计算之中。

在面对像股票价格这样复杂事情的时候，我们的这种模糊感的增长速度，将会和事情的难度以及我们对它的无知程度成正比。我们通过阅读、观察和交谈吸收了各种各样的信息，

> 一旦进行了足够的分析，并且得出了明显的结论，那么投资者就应该使自己确信该投资是正确的、有吸引力的；他不应盲从他的建议者们，而应有自己的判断。在其他证券操作中这也是必要的。
>
> ★格雷厄姆

然后我们根据这些信息总结出现在的形势是看涨还是看跌。我们不会说"形势马上会变成看涨的",而是采用"现在的形势是看涨的"这种表达形式,表明我们在形成判断时,允许现在去混淆未来的程度。

随便抓住一个交易员,让他清楚说明自己的想法,他会欣然承认从逻辑上来讲,当新闻全部都是看涨时,就是价格最高点出现的时间。但尽管这样,你还是会发现他在这样的新闻发布之后,继续购买股票——即使他不在新闻发布的当时购买,也一定会在"回调"时买入。

绝大多数即将到来的事件,都会提前露出一些端倪,聪明的投机行为必须以这些端倪为基础实施。因为对这些事件的预期而产生的价格波动,就叫做"折现",而折现的过程值得我们稍微仔细研究一番。

一方面,有些事件是不能折现的,即使那些被认为是无所不能的庞大金融利益集团也不能。当然,这些利益集团多半是想象出来的。美国旧金山地震就是无法提前预见的事件的一个标准案例,因此它不能被折现;但不一定只有这种"上帝的行为"才无法折现。毫无疑问,关于某些最近颁布的最高法院决定,我们的大银行家基本和散股经纪行客户室中最小的投机者一样,都被蒙在鼓里。

第4章 混淆现在与未来——折现

如果在事件发生之前,这个事件的影响并没有被人感知,那么它的影响就会在事件发生以后起作用。在所有关于折现的讨论中,我们都必须记住这一事实,以免我们的话题失去控制。

另一方面,一个事件有时会被过度折现。如果一只股票的分红利率从4个百分点上升到6个百分点,最热切的多头考虑到他们自己的切身利益,可能会散布谣言说分红利率将提高到6或7个百分点。因此,当5个百分点的分红利率被公布后,这一比例可能会令股民失望,从而导致价格下跌。

有些资本家与房地产,或者与受联合金融利益集团操控的金融条件有联系,一般而言,在这些资本家控制下的事件,很可能在产生之前就已经获得了充分的折现。资本没有利用确定会发生的事情,这种情况极为罕见,哪怕这件事情事先仅有少数的几个人知道。

但是,"局内人"掌握未来商业环境的程度,通常是被夸大的。未来的商业是一个非常复杂的问题,它极度依赖农作物收成、人们的心情以及政府首脑实施的政策,因此它这一点在美国表现得尤为明显。没有任何一支力量能够驱动美国人民。任何对他们行动的控制,必须通过甜言蜜语的欺骗或者通过迂回的、曲线救国的方式来实施。更何况由于信息传播速度越来越快,具备阅读能力的人数越来越多,因此年复一年,大众越来越善变。很容易想象，老一代的金融家一定会对自己说："我多想在1870年拥有现在的资金，或者在今天拥有1870年的宏观条件！"

通过从各个角度研究经济条件，有助于形成对于何时结束折现过程的正确认识。关键的问题是，买卖动作在什么时候变得普遍并且急迫？例如，在1907年，定期公布的银行报告说明储备金出现了有史以来最大幅度的减少，接下来的那个星期一，就是购买高分红股票的最安全、最佳的时机。在变现的压力下，股市低开了几个点，许多标准股在之后的日子里再也没有跌到那一天的低价。解释也很简单，经济条件已经如此之差，不可能变得更加糟糕，除非出现彻底的崩盘，而所有相关方肯定会团结在一起防止彻底崩盘的出现。

1900年的总统大选也是类似的情况，当布莱恩被提名时，价格跌到了最低点。投资者马上说道："他不能当选。"因此，他被提名就是能够出现的最糟糕的情况，当时所有的政治新闻对未来的走势都是严重看跌。随着大选的进行，当他的失败变得越来越明显，股票价格也随着当时的宏观经济和金融形势持续上涨。

提前被资本家知道某事件的折现，并不会带来最大的困难，但是当存在大量不确定性的时候折现会停止，从而使最清醒的头

第4章 混淆现在与未来——折现

脑和最准确的消息都只能带来可能性的平衡,天平可能向这个方向或多或少地倾斜,也可能向另一个方向或多或少地倾斜。

有时候,事件发生之前的不确定性,要比随后发生了最糟糕的事情更加令人沮丧。最高法院关于之前一项没有落实的公共政策的判决就是一个例子,这件事把生意人完全蒙在鼓里,以至于他们不敢推进任何重大的计划。这就是在1904年,北方证券判决一案。"大企业"能够轻易地调节自身适应任何一个结果。使市场看跌的是不确定性。因此,不论判决的结果最终为何,它实际上已经提前被折现了。

而对于程度相同的1911年美孚石油和美国烟草判决,则没有提前折现,因为那些判决预示着更多麻烦的到来。判决结果公布后,迎接它的是暂时的井喷式上涨,依据的理论就是不确定性被移除是最重要的事情;但是不久,耸人听闻的下跌开始了,并且一直没有被遏制,直到消息表明美国政府将要起诉美国钢铁公司。这被看作是一段时间之内可能发生的最糟糕情况,随后市场出现了相当程度的上涨。

更常见的是,当一件事情不确定时,市场会非常谨慎地估算其概率。每个交易员都会支持自己的观点,如果他有信心就强烈支持,如果他还有些无法解决的疑问就适度支持。这些相对的观点可能导致价格静止不动，也可能导致市场窄幅紧张地波动，更可能导致价格出现上涨或下跌，幅度大小和买卖动作的相对优势大小成正比。

当然，必须时刻记住起作用的是资金，而不是买家或卖家的人数。少数几个资本大鳄提前掌握他们认为是准确的消息，可能会抵消掉上千个持有相反意见的小股民对市场的影响。事实上，这种情况频繁出现，我们在前一个章节就已经解释过了。

即使一个单独投资者的动作，通常也会对价格产生影响，使其很精确地按照他的想法调整。当他相信价格处于低位，所有一切都能支撑价格上涨时，他会动用一切资源，在他能够承受的范围内积累尽可能多的股票筹码。当价格上涨到一定幅度之后，如果他发现可能会导致下跌出现的某些因素正在发展，即使他并不真正相信价格会下跌，那么他也会觉得减少些筹码、确保自己能得到一部分积累的利润是明智的做法。再过一段时间，如果他感到价格已经"足够高"，他就会大量抛售；如果出现某些危险的征兆，而市价仍然处于高位，他就会"清仓"，以准备好迎接可能出现的任何情况。如果随后以没有保障的投机行为继续推高价格，他很可能会卖空几百股，以占用资金和自己的思维。

但是，促使市场对改变的宏观条件发生反应的最大影响，是

第4章 混淆现在与未来——折现

不同人想法的差异。促使一个交易员减仓的走势，可能会被另一人视作没有影响、甚至是有利的，因此后一个人会保持自己的仓位，甚至会加仓。在不同的想法、性格和信息的全球大混合中，才诞生了平均价格，这是反应投资条件的真正指数。

以上推理的必然结果，就是不但可能发生的概率会反应在市场走势上，甚至极小的可能性也会体现在市场走势中。几乎没有任何一件事情有足够的重要性，能够吸引一般大众的注意力，有些推理过程分析它是看涨的信号，而另一些推理过程则解读为看跌。毫无疑问，即使是一条大意为"一百万人民组成的国家的活动，创造并维持着大量的商业活动"的普通新闻，也能影响一些充满活力的乐观者去买入联合100；但是早餐吃了太多甜甜圈的、不满的悲观主义者，会把这一陈述看作是缺乏真正利好消息的证据，并很可能依据这一点卖空联合100。

> 不计其数的人所做出的决定是一种理性和感性的掺杂物，有很多时候这些抉择和理性的价值评判相去甚远。投资的秘诀就是在价格远远低于内在价值时投资，并且相信市场趋势会回升。
>
> ★ 格雷厄姆

大多数在清醒的旁观者看起来很荒唐的波动，是由过度扩张的投机者造成的。如果一个人缺少股票，那么他很容易就可以做出买入的决策。在其他任何时候他都会觉得无关紧要的一条新闻，这时在他的眼里也有了被夸大的重要性。他的担忧与他的持股仓位正相关，仓位越重，恐惧越大，并且恐惧会被按照几何级数放大。相似地，仓位过重的多头在听到洪都拉斯和罗马尼亚之间爆发战争的荒唐故事后，可能就会开始"抛售股票"，他甚至不会停下来在地图上看看卷入战争的两国所处的相对地理位置。

由荒唐事导致的波动幅度通常很小，它们的出现是由于对"其他人"可能举动的过度担忧导致。对你个人而言，你并不会担心洪都拉斯和罗马尼亚之间爆发战争；但是难道这条流言不会被空头抓住并作为制造价格下跌的借口吗？而你的仓位过重，万一这样的下跌真的发生你很难泰然处之。而且即使空头没有对市场发起行动，难道不会有大量像你一样的人因担心空头的行动，从而减轻自己的仓位，因此导致价格下跌吗？

职业交易员把这种推理过程用到了极致，最终其针对市场短期反转做出的操盘动作，不再依赖事实，而是依赖他觉得事实会造成其他人如何反应——或者更准确地说，可能依赖他如何解读一条消息将导致他人作何反应；买卖动作构成的脉搏在证券交易

第4章 混淆现在与未来——折现

所的内场跳动,在行情看板上显示,这样的交易员很可能会一直紧密关注买卖动态。

不过,在控制自己不要陷入纠结于别人怎么做的泥潭这一点上,非职业交易员表现得不错。就像重要的"他们"理论,它会导致你偏离常识,这一点也十分危险;毕竟,其他人可能不会像我们想象得那么蠢。市场可能折现一种可能性,我们却很可能无法通过折现该可能性而获得利润。

> 1 对一家企业的状态,只有一半是事实,而另一半却是人们的观点。
>
> ★ 格雷厄姆

折现与大多数其他股市现象相关。这里我们能够给出的最有用的提示,就是要避免所有试图把价格的变动简化成规则、方法或相似性的尝试,就事论事地分析每一种情形。历史上的相似事件很可能产生误导的作用。尽管通常由相似的元素构成,但每一个情景都是全新的,每一个元素都必须被独立权衡,然后再估算元素组合后可能产生的结果。

> 2 股市行为必然是一个令人困惑的行为,否则稍懂一点知识的人就能获利。投资者必需着眼于价格水平与潜在或核心价值的相互关系,而不是市场上正在做什么或将要做什么的变化。
>
> ★ 格雷厄姆

在大多数情况下,问题绝对不是不可能发生的,但是新手必须学习观察未来,并把现在看作是对未来的指南。当新闻的论调特别绝对，并且广为传播时，就会迎来价格的端点。当那一点过去以后，问题总会是："接下来是什么？"

第5章

混淆个体与大众

> ★ 活跃的交易员所遇到的最大的困难之一,就是在自己已经重仓押注市场会上涨或下跌时,仍然能让自己的思维保持客观、不带偏见。
>
> ★ 如果市场正在下跌,不论交易员处于盈利的状态还是正遭受亏损,不论他的股票是在一年之前买入还是在两天之前买入,他都必须卖出。
>
> ★ 当市场看上去走势最强的那一刻,很可能就已经接近了顶点,当价格看上去似乎已经直线下落到零点的时候,通常已经接近谷底。

在前一章的内容里,提到了这样一个事实:活跃的交易员所遇到的最大的困难之一,就是在已经重仓押注市场会上涨或下跌时,仍然能让自己的思维保持客观、不带偏见。他在并不知情的情况下,允许自己的希望对判断造成影响。

以前,芝加哥交易所的一个投机巨头在相当长的时间里都看空市场，认为小麦价格会持续走低。突然有一天，发生了一件让他所有朋友都感到吃惊的事：他把一切都平仓，把适量的金额押在看涨市场，并言辞激烈地站在看多的立场。整整两天，他都保持这一立场，但是市场并没有上涨。然后，他又回到看空的态度，并且也比之前更加看跌市场走势。

在某种程度上，他这样做是为了测试市场，但更主要的是考验他自己，看看如果自己改变态度并站在另一立场，他是否能说服自己摆脱看空的观点。当他发现即使这样做也没能对他的看法造成任何实质性的改变时，他就变得更加坚信自己原本的立场，并准备采取新的、更为激进的空头操盘动作。

> ◢ 尽管大多数人不赞成你的判断，你仍应遵循自己的独立判断；如果你是正确的，你就有机会获得丰厚的收益。
> ★ 格雷厄姆

这件事没什么奇怪的。尽管在牵扯到股市中的利益时，要保持客观的思维非常困难，但事实上对于任何与个人利益紧密联系在一起的事情，要想保持客观都不容易。一般来说，我们能够找到许多理由支持我们自己去做想做的

第5章 混淆个体与大众

事情，并且我们能找到更多借口让我们不必去做不想做的事情。我们当中的大多数人，已经把那句古老的诡辩"存在即是合理"转变成了更加直接、有用的形式——"我想要的即是合理"。在许多读者的心里，马上会浮现出政界一个大人物的名字，他似乎经常按照这一座右铭在行事。

假设史密斯和琼斯达成了一条口头协议，事后如果这个协议变得对琼斯十分有利，史密斯对这个协议的认知就会仅仅是一个能够被随时取消的松散共识，而琼斯会认定它是一个确定的合法约定；但是如果这条协议是落在纸面的，那么毫无疑问，它就是一个必须履行的契约了。塔列朗说，我们之所以拥有语言，是为了掩盖自己的想法。相似地，许多人似乎认为我们拥有逻辑，是为了给自己的欲望提供支持。

很少有人具备足够的自省能力，分辨这种偏向自身利益的偏见在哪里出现，又在哪里消失。而愿意费力去分辨的人则更少。在很大程度上，我们锻炼自己的判断，是为了让它服务于我们的一己私利。我们的问题，并不是我们脑海中存储的有关某一情况的事实是否正确，而在于我们是否能够"取得成功"。

对于买卖股票，并不存在"取得成功"这种事情况。市场是冷酷无情的，它不会因我们的诡辩而改变分毫。它只会对作用于

> 1 利用你的知识、经验和勇气。如果你已经从事实中得出一个结论,并且你知道你的判断是正确的,按照它行动,即使其他人可能怀疑或有不同意见。
>
> ★ 格雷厄姆

> 2 经历过这么多的证券投资的变迁和灾难后,我们会发现它们像地震一样是不可预测的,但留给我们的信条是:正确的投资原则一般产生正确的结果,我们必须按照它们将还是如此的假设去做。
>
> ★ 格雷厄姆

其上的力量和个人产生回应,并不会顾及我们的意见。我们不能像在其他的事业中那样,为我们自己的利益而工作,我们只能调整自己的利益以适应事实。

为了取得最大的成功,交易员需要忘记他在市场中的仓位,忘记他的收益或损失,忘记当前的价格和他买入或卖出时点上价格的关系,把自己的思维集中在市场所在的位置上。如果市场正在下跌,不论交易员处于盈利还是正遭受亏损的状态,不论他的股票是在一年之前买入还是在两分钟之前买入,他都必须卖出。

可以很快地从一般的交易员的言论中看出,他距离拥有这样的想法还有多远。并且还有一件事千真万确,那就是大量关于投机的文献,都绝对没能涉及这一概念。

"你有5个点的利润,最好把它装进口袋。"经纪人如此建议。如果你对市场一无所知,这一建议也许没错;但如果你了解市场,

第5章 混淆个体与大众

那么上涨走势表现出到达顶点的信号时，才应该把利润收入囊中，与你自己的仓位和盈利情况没有关系。

"你应该止损；让利润最大化"这句话在新手看来仿佛是交易智慧的精髓。但问题是，应该在什么位置止损,获得多少利润才算是最大化。换句话说，市场要做什么？如果你能分析出这一点，那么就不必担心你的盈利和亏损。

假设有一个人进行了大量计算，并得到了令他自己满意的结果，如在联合太平洋铁路公司上获得的合适盈利应该是7个点，而亏损应该控制在2.5个点。事实上，再没有比这些武断的数字更愚蠢的事情了——他没有调整自己的交易适应市场，而是试图让市场适应他自己的交易。

在任何一个经纪人的办公室里，你都能发现大量的谈话与交易员的收益和亏损相关。布朗挣了10个点的利润，并且随后又让利润从他的手中流失。"天呐！"他聪明的朋友感叹道。"你想要什么？难道你对10个点的盈利还不满意吗？"尽管极少出现，但正确的回答应该是："如果我认为市场还会继续上涨，那么当然我对10个点的盈利不满意。"

事实上，如果一个交易员的思维越关注他自己在市场中的仓位，那么他的判断就越有可能被歪曲，从而导致他的思维拒绝接受和他已经形成的观点相悖的意见。

"趁还有微利的时候，让你的客户抛售吧，"我曾经听到一个经纪人对另一个说道，"如果你不这么做，他们会坚持下去，最终亏损。他们永远不会对获得的盈利感到满意。"如果那位经纪人和他的客户都不具备真正的市场知识，这可能是一项不错的策略；但对于那些计划掌握最低程度的系统知识的交易员而言，这种言论没有任何意义。

如果你没有尝试，你永远也不会知道自己仅仅因为对市场走向持有一个立场，在多大程度使自己陷入了没有逻辑的状态。"在市场中，保持一致就是顽固。"有人曾经如是说。并且一个意志和逻辑思维都很强大的人，通常都不如善变的观察者成功——后者随时准备好像风向标一样，怀疑风向产生一点改变就立刻转变立场。之所以会出现这种情况，是因为强大的人在这里所从事的事情，并无法使用他与生俱来的力量和决心，他所能依仗的只有自己的观察力和理解力。但是最终，有这种性格的

> 如果一个公司前途明显比较好，那几乎肯定已经在当前的股票价格中得到反映——经常过分贴现。你买这样的股票，就像在赛马比赛中对人人看好的热门赛马下赌注，机会可能在你一边，但结果往往并非如此。
>
> ★ 格雷厄姆

第5章 混淆个体与大众

人将会拥有更大、更持续的成功，因为他最终会更加透彻地掌控自己并获得更加辩证的态度。

在把自己置于某个立场之后，想法简单的人会更加容易被希望的幻觉影响和鼓舞，他们可能会在某些上涨走势中买入。如果价格已经上涨，这时他们发现市场"看上去很强"，大量鼓舞人心的利好消息流出，那么他们就希望可以获得到更多利润。在拥有5个点的利润后，他们希望能涨到10个点；而涨幅到达10个点以后，他们又开始期盼15个或20个点。

另一方面，如果价格下跌，他们会归咎于"幕后操控""空头突袭"等原因，希望能很快出现回升。在他们看来，大部分利空消息都是蓄意发布的，都是为了使价格进一步下跌。只有等到下跌已经严重侵蚀了他们的本金时，他们才会说："如果'他们'能够在上涨趋势中使价格这样下跌，那和他们对抗又有什么用？通过洪水一般的卖空，他们想让价格下降多少都可以。"——或者也可能是其他类似的言论。

这样的交易员只是在为不成熟或缺乏可靠的商业头脑而交学费，也可能两者兼而有之。如果他们想要长期获得盈利，那么他们还需要经历相当长的学习阶段。当然，他们中的绝大多数都不会坚持。

只要有当前的新闻和统计的股市走向趋势，更加聪明的一类人（这些人中有许多都被看作是投资者）不会允许自己在市场中的仓位蒙蔽自己，但是在面对价格发生改变的影响这一最为重要的因素时，他们也会带有偏见。

他们带着形势会改善的预期买入股票，形势的改善如约而至，价格上涨。此时，没有较大的利空消息出现，相反，利好消息不断出现。在这种情况下，他们没有理由抛售。但是，也许存在一个最重要的原因支持抛售，即价格的上涨已经足够抵消股市形势的改善，也就是说股价已经涨到牛市顶点了。如果他们处在一个中立的观察者角度，他们会注意到并明白这一原因。

这些投资者会在价格层面的影响上出现迷惑的主要原因之一，就是牛市在到达顶点之前，上涨幅度通常都过大。这些投资者可能在之前的几波行情中，在自己认为不错的价格上抛售，却发现如果自己能够坚持到大众股民和市场到达的那个点位，他所获得的收益能够翻倍。

正是在这样的情况里，投机的专业知识才显得至关重要。如果投资者不具备这样的知识，并且不能从具备知识的人那里获得可靠的建议，那么他自己就必须接受相对较少的利润，并放弃对获得上涨走势带来的更多收益的期望。但如果他在较好的投机知

第5章 混淆个体与大众

识的影响下，能够让自己的思维不受持仓的影响，关注走势的发展，那么相比于他仅仅依赖一般的商业"尝试"，通常能够确保获得更多的收益。

当一个人不具备投机的专业知识时，如果当价格已经上涨到基本抵消了大环境的改善时，他仍然抱着价格能继续升高的希望持有股票，那么就会犯上述的错误。

在所有的交易员中，能够逐渐变得足够专业和老练，从而完全克服在市场中的仓位对自己形成判断的影响，这样的人不足千分之一。这种影响以非常狡猾和隐蔽的形式出现。专家所面临的最大挑战，就是阻止自己活跃的想象力产生的影响，即当他在寻找某种东西时，他并没有真正客观地看到，只不过是想象力发挥过头，让他认为自己看到了想要的东西。

有一个例子能更加直接地说明这个道理。比如，我们假设专家从过往的经验中学习到，当市场出现"缺口"的时候就是走势变弱的信

> 个人投资者如果有正确的投资原则及投资建议，日积月累下来，投资绩效一定远胜于机构投资人。信托投资公司的投资标的通常不超过300个，但散户却可以有多达3 000个。
>
> ★ 格雷厄姆

> 任何关于一种股票比其余股票更值得购买的分析者的意见，都必须从他个人的偏好和期待的局限扩展到更大的范围。如果所有的投资者都同意一种特别的股票比其余的股票更好，那么这种股票会迅速提价到这样一种程度以抵消掉它先前的利益。
>
> ★ 格雷厄姆

号。这里的"缺口"，是指市场的一种状态，此时市场突然之间、毫无理由地不再消化股票。市场上有几百股活跃的股票被出售。人们普遍的观点是看多，但是却没有人买入那些股票。在买家出现之前，价格快速下跌了半个点或一个点。对于一支活跃的股票，这是很不寻常的现象；尽管价格可能回升，但专业交易员不会忘记市场没能接受适量抛盘这一现象所蕴含的危机。他会把这种现象视作市场"超买"的一个信号。

现在，假设这个交易员通过计算认定上涨即将到达顶点，于是带着这样的预期选择了空方的立场。他怀疑市场处于超买状态，但是并不十分确信。在这样的情况下，其他时候他不会注意到或者不会在乎的价格细微下跌，现在都可能会被他看作是"缺口"。他在寻找市场变弱的迹象，因此，即使这种迹象并不存在，他的想象可能也会让他看到变弱的迹象！

同样的道理也可以应用在探测股票筹码的

第5章　混淆个体与大众

积累和派发上。如果在快速上涨之后，你希望看到筹码的派发，很可能你就会看到。如果你已经清仓，希望能够出现回调以便重新买入，你将会看到大量象征回调的指标。事实上，有一句格言在华尔街人尽皆知：在看空市场方面，没有人比得上空仓的多头。这些多头正磨刀霍霍地等待股份大幅回调，那将是一个完美的入场时机。

在研究市场所谓的"技术性"条件的时候，常会出现导致双向构建的情况。不同种类的指标几乎是均衡的，有些事情可以从两个方向进行解读。一个对市场还没有产生兴趣的交易员，可能会认为在自己能够更清晰地把握方向之前，不要入场是明智的选择。

在这样的情况下，你会发现在此发生之前持看多观点的人，会把技术性条件解读为利好，而一直保持看空观点的人，则会看到技术层面走弱的指标，这几乎已经成为金科玉律。虽有些可笑，但却千真万确。

在判断被个人利益影响的这件事上，除了一个词"不要"之外，没有什么有帮助的建设性意见能够给出。但是当投资者或交易员开始意识到自己是带有偏见的观察者时，他就已经在进步；因为这样的认识可以让他避免过于盲目地相信某件事，这件事可能现在被他称为判断,但他很可能最终发现,这其实是一份非比寻常的强烈贪婪。

股市写手经常提到,既然大众在股市处于谷底的时候看空,在峰顶的时候看多,那么只要逆向操作(当感觉应该卖出的时候买入,感觉应该买入的时候卖出)就能够挣到钱,从而在那些亿万富翁自己的游戏里击败他们。汤姆·劳森在其名望的全盛期,似乎存在某种幻想,期望大众能把从美孚石油资本家手中买来的股票再卖给他们,导致市场全面崩盘。毫无疑问,博爱的托马斯,是市场最初的合格空头。

民众的这种执迷不悟,可能不如以前严重。大量小投资者聪明地进行着买卖,在纽约证券交易所里的赌博式交易有所减少——每一个人都对这一点感到满意,可能只有那些从前从事这些业务的经纪人感到不满。

当市场看上去走势最强的那一刻,很可能就已经接近了顶点,当价格看上去似乎已经直

> 每个人都知道,在市场交易中,大多数人最后是赔钱的。那些不肯放弃的,要么不理智,要么想用金钱来换取其中的乐趣,要么具有超常的天分。在任何情况下,他们都并非投资者。
>
> ★ 格雷厄姆

第5章 混淆个体与大众

线下落到零点的时候,通常已经接近谷底。不管怎么样,这一说法仍然是正确的。投资者使用这一原则最实际的方式,就是在看多的情绪已经广为传播的时候抛售,当大众似乎已经完全失去信心的时候买入。而当他在之前的投入上收获利润的时候,牢记这一点尤为重要,因为他的切身利益会与价格的走势密切相关。

总而言之,已经研究这个问题很久的交易员或投资者在阅读本书时,尽管通过反转自己的操盘获得盈利是可行的,在实际操作上也会有很大难度;但是他可以努力让自己保持一种公正的、没有偏颇的思维模式,并研究众人的心理。

第6章

恐慌和繁荣

> ★ 在恐慌的过程中,你会注意到有这样一个时期:几乎所有人都认为股价已经足够低,但是价格还会下跌到更低的水平。
>
> ★ 许多认为自己在谷底附近"建仓"的投资者,发现自己认定的其实是假的谷底,最终会在进一步的下跌中抛售持有的股票。
>
> ★ 在牛市中,谨慎的人只能获取适量的利润——但那些有了"蝇头小利"就会交易的人,却能在价格的上涨中获得最大的收益。

恐慌和繁荣都是非常突出的心理现象。这并不是说基本面仅仅会导致价格的暴跌,有时又会带来同样幅度的暴涨。但是恐慌通常是由大众心理的亢奋状态导致,并伴随着手中资源的耗尽。所谓恐慌,就是指下跌的程度超过了客观条件应该导致的跌幅;而"繁荣"一词则用来指代过多的、并且主要是投机性造成的上涨。

> 股票市场上的绝大多数理论收益并不是那些处于连续繁荣的公司所创造的，而是那些经历大起大落的公司创造的，是通过在股票低价时买进、高价时卖出创造出来的。
>
> ★ 格雷厄姆

有很多特殊的性质与恐慌和繁荣相连，它们值得分开进行探讨。

投资者对可能出现的恐慌的担心，对他们想法的影响之大，着实令人震惊。人们对1907年事件的记忆，无疑极大地减轻了自那时起到现在的投机交易量。在美国的整个历史中，同等严重的恐慌仅发生过寥寥数次，并且在任意一个月份爆发恐慌的概率，都要小于因公司倒闭而导致平均投资遭受亏损的概率。但无论什么时候股市新人考虑买入股票时，这种恐慌的幽灵就会出现在他们的脑海中。

"没错，"投资者可能会说，"雷丁的走势看起来很强劲，但是看看它在1907年的卖出价——70美元[①]！"

人们有时认为，恐慌中出现低价的原因，是突然发作的担忧，它来得快，去得也快。事实并非如此。在某种程度上，当价格接近顶点时，担忧开始浮现。有些谨慎的投资者开始担

---

① 如果按照现在的报价，相当于50美元面值的股票以35美元售出。

第6章 恐慌和繁荣

心暴涨的幅度过大，对上涨的过度投机一定会导致灾难性崩盘的出现。他们在这种想法的影响下就会抛售。

随后的下跌可能会持续一年甚至更久，在这一过程中，越来越多的人开始担心商业或财政大环境，他们会出售持仓套现。这种警惕性或担忧会逐渐蔓延，影响如波浪一般忽高忽低，但每一个波峰都会比之前更高一点，造成的影响也更大一点。恐慌并不是突然爆发的，而是各种原因长期积累造成的结果。

恐慌中的最低价，一般不是由人们的担忧情绪造成，而很可能是必然出现的刚性结果。那些会因为害怕而抛售持仓的投资者，通常在价格达到谷底之前就已放弃。那些即时可用资源被耗尽的投资者的抛售，通常才是最低的价格。他们中的绝大多数都是出其不意遇到了情况，如果能有一些时间，他们是可以筹集到足够的钱保持仓位。但是在股市中，"时间就是交易合同的灵魂"，并且正是他们无法拥有的东西。

◢ 不管多么小心，你无法不犯错误，只能恪守安全边际，也就是说，不管股票多么来劲绝不高买，你才能控制住犯错的后果。

★ 格雷厄姆

> 我的基本规则是投资者永远都应该把最少25%的投资投入债券或债券等价物，再把最少25%的投资用于普通股票，余下的50%可以根据债券和股票的价格变化在两者之间分配。
>
> ★ 格雷厄姆

在恐慌的阶段，造成损失的最主要原因是投资者没有在手上保持足够的流动资金。他在不同的投资上被"套牢"，因此无法迅速变现。他可能拥有充足的资产，但没有可用的现金。相应地，这种情况也是由于他想做的太多——贪婪、草率、过大的野心以及对未来不切实际的盲目信心所导致的。

在恐慌的过程中，你会注意到有这样一个时期：几乎所有人都认为股价已经足够低，但是价格还会下跌到更低。结果，许多认为自己在谷底附近"建仓"的投资者，发现自己认定的其实是假的谷底，最终会在进一步的下跌中抛售持有的股票。

这也符合上面所介绍的事实，即最低的价格是必然出现的刚性结果，而不是人们想法的结果。例如，在1907年，每一个有精准的商业意识的人，都清楚地知道股票的售价是低于其价值的，但问题是投资者没有用于购买股票的足够资金。

第6章 恐慌和繁荣

要记住，经过长期熊市形成的低价，其低价本身并不是支持买入股票的充足理由。形势的关键在于流动资金的积累，这一点可以由银行业的情况快速验证。只是，这一问题已经超出了本书讨论的范畴。

因为恐慌进程的最后一部分下跌，并不是由大众的想法引起的，甚至也不是由大众的担忧引起的。而是，刚性结果是可用资金被彻底耗尽造成的；所以，随后发生的价格回升，也没有任何明显的原因。

交易员说："恐慌已经结束，但是处于当前的熊市环境之下，股票价格并不会有太大的上涨。"其实股票价格能够上涨，也确实会上涨，因为它们只是在从"破产式甩卖"（套用服饰店的说法）造成的低价中回复到正常的价格水平。

在股市心理学的讨论中，也许"恐惧"这个词已经被过度使用。只有极少数人，会在恐惧这一情绪的直接影响下，真正抛售自己持有

> ◢ 投资需要并预先假定安全边界，以防事态的发展与预料的相反。在市场交易中，就像在其他形式的投机中一样，错误是没有边界的；你要么对，要么错，错了就意味着损失。因此，尽管我相信普通的理性的读者可以学会在市场交易中赚钱，我还是建议他们去尝试其他的方法。
>
> ★ 格雷厄姆

的股票。但"恐惧"会造成卖出股票的过分谨慎，甚至有认定价格一定会下跌的想法，其本质上都包含有某种变化了形式的恐惧，并且对于价格的影响和恐惧造成的结果是一样的。

在恐慌中的这种恐惧或谨慎的作用，并不限于抛售股票，其对于阻止买入的影响要更加严重。让有意向的投资者推迟买入股票，要比促使持仓者真正卖出股票容易得多。正因为如此，在出于恐慌情绪的市场中，少量急待出售的股票可能导致产生与其重要性完全不相称的大跌。出售的股票数量可能很少，但是没人想要购买它们。

正是这个因素，促使在恐慌之后频繁出现快速的反弹。等待中的投资者不敢在缺乏信心的市场中买入，但是只要有反转的迹象出现，他们就会争先恐后地买入。

从许多方面来看，繁荣就是恐慌的逆向过程。正如恐惧逐渐生长、蔓延，一直持续到最后的崩盘，因此信心和热情也在不断繁衍，规模变得越来越大，直到结果为数千的大众共庆。他们中的许多人相对年轻，入市经验比较少，但他们在价格的持续上涨中挣到了"大钱"。

在每一个持续的牛市进程中，都会涌现出一小群这样的虚拟百万富翁；但只要价格一下跌，但他们就会带着烧焦的双翼坠

第6章 恐慌和繁荣

落人间。以各种各样现实的初衷和目的来看，这样的投机者都是不负责任的。正是由于他们如此的不负责任，使得他们能够利用上涨的价格无比迅速地赚钱。在牛市中，谨慎的人只能获取适量的利润——但正是这些有了"蝇头小利"就会交易的人，才能在价格的上涨中获得最大的收益。

当这些迅速获得的财富开始积累的时候，市场会短暂地落入这些鲁莽的人手中。在这段时间里，几乎任何不顾后果的举动都可能出现。这种类型的买入，使得价格在已经很高的情况下继续上涨，正如在恐慌中当价格似乎已经足够低的时候，还会继续下跌。

一旦价格超过正常的水平，判断力出色的空头就会出现。这些空头的立场是对的，但那时他们出现得太早。在真正的牛市里，他们基本上可能会被迫因价格的进一步上涨而平仓，这一点以任何常识来衡量，都是不合道理的。一系列"金字塔"式的累进利润，会暂时将理

◢ 一个富有思想的投资方法——坚定地以安全边际原理为基础，能够产生可观的回报。

★ 格雷厄姆

智的、深谋远虑的卖空者赶入避难所。

范围更加广阔的心理上的影响，也能协助将牛市推上难以理解的高点。这样的市场情况，通常伴随着所有类型商业的价格上涨，而在生意人的想法里，上涨的价格总是创造出这样一种印象：他们所拥有不同的事业，营利性会变得更好。尽管真实情况并非如此。

从手头上的商品库存中可以看出，这种错误印象产生的一个原因。以批发商为例，假设他在1909年1月手中持有价值10 000美元的库存。在这一天，商品价格的布莱德街指数是8.26。到了1910年1月，布莱德街指数变成9.23。如果商品库存中所包含的各种商品价格，其上涨比例与布莱德街指数一直，并且批发商手中的商品没有发生变化，那么在1910年1月，他手中商品的库存价值将变成11 168美元。

在过去的一年里，他没做任何事情，并且很可能也没进行任何规划，就获得了额外的1 168美元利润。但是这一利润只是名义利润，并非真实利润；因为他在1910年1月用11 168美元所能买到的商品，相比于1909年1月用10 000美元买到的商品，不会有丝毫的增加。他受到了欺骗，相信自己比真实情况变得更加富有，而这种假象会在每一个商业类别中、每一个个体身上，导致挥霍浪

第6章 恐慌和繁荣

费和投机行为的增加。

这种由于价格上升带来的财富增加假象的第二个结果，要比第一个结果更为重要。假设我们的批发商决定用1 168美元的利润购买一辆新车，这将对汽车业做出贡献。数百个相似的购买订单，会导致汽车公司扩建工厂。这就意味着更加频繁地采购原材料，雇佣更多的工人。如果宏观条件好，那么在各个产业中的相似情况导致的需求上升，将会促使价格进一步上涨。因此，在下一年年末，批发商可能又拥有了另一笔虚拟的利润，这次他会用来扩建自己的住所，或购买一些新家具等等。

股市感受到了这些增长的商业和上涨的价格的反应。但是所有的一切都是心理过程，早晚有一天，我们的批发商必须通过辛勤的工作、节俭的生活和精打细算去赚钱并存钱，以为他的汽车和家具付钱。

再一次，上涨的股票价格和上涨的商品价格会互相影响。如果批发商在他虚拟的1 168美元之外，还看到了自己投资的多个股票价格上涨了十个百分点，他可能会被鼓舞进行更大笔的开销；如果资本家注意到了股市十个百分点的上涨，他很可能会雇佣更多的助手，并增加自己的家庭支出，因此需要购买更多的家庭用品。因此，信心和热情的感觉扩散得越来越大，就像一块石头扔进池塘激起的涟漪。所有的这些发展，都会如实地被股市晴雨表反映出来。

结果就像1902年或1906年一样，拥有股票的高价和普通交易的狂热行为。这些毫无疑问是某种错误印象的金字塔式积累。这些印象中的绝大多数，都可以直接或间接地被追溯到一个事实：我们用金钱来衡量一切，并总是认为金钱的尺度是固定不变的；而实际上，我们所拥有金钱的价值是波动的，就像钢铁或土豆的价格。我们已经习惯用金钱来计算小麦的价值，但是当我们试图用小麦来估算金钱的价值时，却会感到头疼。

当这样的虚假情况开始破碎，股市仍会履行其晴雨表的功能，率先下跌，而普通的交易仍然保持活跃。这时，"华尔街贪婪资本家"开始被大众诅咒，人们希望他们最好能消失不见。除了在上涨的时候，股市永远不受欢迎；但是从长期来看，它的下跌，无疑会提升国家的福利，因为它缓和了普通交易周期中必然会

▲1 无法抑制的乐观主义能导致狂热的投机，而其中一个最主要的特征是它无法汲取历史的教训。

★ 格雷厄姆

▲2 投资者与投机者最实际的区别在于他们对股市运动的态度上：投机者的兴趣主要在参与市场波动并从中谋取利润，投资者的兴趣主要在以适当的价格取得和持有适当的股票。

★ 格雷厄姆

第6章 恐慌和繁荣

出现的下跌,并且对未来会出现的麻烦进行了预警,使我们能够提前做好准备。

一般来说,相比于确定恐慌什么时候结束,比辨别股市繁荣的结束要更加困难。但是,这件事的原理却非常简单。在恐慌结束后,推动市场开始上涨的是充足的流动资金。相似地,当流动资金耗尽时,牛市走势也会走到尽头。耗尽的标志,是更高的认购和定期贷款利率,以及商业票据利率的稳定上涨。

第7章
冲动操盘者和沉着操盘者

> ★在牛市接近尾声时，会出现一项显著的变化。价格很容易下降，并且交易规模也更大，而上涨却很迟钝，下跌的幅度更大，因为存在大量套利抛单。
>
> ★熊市的结束，以"支撑"的再次出现和"压力"被移除为标志，因此价格会从下跌中快速、大幅度反弹。

股市环境的观察者很快就能发现，存在两种类型的操盘思路，其操作动作会由价格的变化反映出来。这两类思路可以被叫作"冲动型"和"沉着型"。

"冲动型"操盘者会说："不论基本面和技术面的条件，都能确保价格会继续上涨。应该买入股票。"形成这个结论以后，他就会开始买入。他并不会试图在价格的最低点买入，也没有

> 📌 作为一个进攻型投资者，当然有比防御型的或被动的同伴赚更多钱的欲望和期望。首先他要相信，他的结果不会更糟——但事实上，很多人将大量的精力、研究和天生的能力带入市场，结果不是赢利而是遭受损失，这是常有的事。
>
> ★ 格雷厄姆

这样的期待。相反，只要他认为未来价格仍然会继续上涨，他很愿意在暂时的价格最高点买入。当他认定走势会转为熊市以后，或者价格的上涨已经将之前的形势过度折现，他就会抛售。

"沉着型"投资者很难被说服在价格上涨时买入。他的逻辑是："根据客观条件，或者至少是根据在我看来的客观条件，价格会频繁地变动几个百分点。对我来说，需要做的明智事情是利用价格的这种反向变动。"因此，当他相信应该买入股票时，他会大量分批地下单买入股票。他的想法是："在我看来，股票的价格应该会上涨，但是我不是预言家，而且在我像现在这样看多的时候，价格通常还会再下跌三个百分点。所以，我会在价格下跌三个百分点的过程中，每下跌半个百分点就买入。这些投机者的数量太多，天知道什么样的风吹草动就会击中他们，导致价格出现几个百分点的短暂下跌。"

在庞大的资金中，尤其是银行业，"沉着

第7章 冲动操盘者和沉着操盘者

型"自然占据了主导地位。这样的人既没有时间也没有心情紧盯着行情,并且他们总是拒绝承认具有预测价格微小变动的能力。但是,这些微小的波动发生时,他们总是已经准备好利用它们。并且由于他们拥有大量的资金,他们能够通过大批量买入或卖出,轻而易举地实现利用价格波动获利。

事实上,股票市场上总是充满了批量订单,而了解这一点,以及了解这样的订单被处理的方式,在判断市场每一天的基调和技术位置方面具有决定性的作用。

上面介绍的两类操盘者,总是彼此针锋相对地工作。"冲动型"交易员的买入或卖出,会迫使价格上涨或下跌,而"沉着型"交易员的批量订单,则偏向于抵消市场的任何走势。

一方面,让我们假设银行利益集团相信宏观形势的根基十分健康,而市场在未来的一段时间基本走势是上涨的。因此,在股票每下跌一个百分点,甚至半个百分点、四分之一个百

> 很多投资人会把注意力由可见的固定资产转移到无形资产上,例如经营能力和企业的本质,而这会暗中为投资者带来具有风险的思考模式。
>
> ★格雷厄姆

分点、甚至八分之一个百分点时，都有不同的人给出买入订单。

另一方面，活跃的场内交易员发现，由于某些暂时的不利因素，市场随后的走势应该是下跌。他们发现了批量订单的存在，但是他们认为在下跌过程中会有足够的股票出现，满足批量订单，并形成某种平衡。

换句话说，此时，流动的股票供给数量已经太多，无法被频繁短线进出的交易员轻易地转手消化。市场必定会下跌，直到部分的流动供给被批量订单吸收。而这些批量订单就是当前价格的基础。

这样的条件就制造了通常被称作"回调"的现象。一旦这些多余的股票流动供给被持续的订单吸收，市场就已经准备好再次上涨。如果大趋势是上涨的，那么在上涨过程中所遇到的阻力，就比回调时遇到的阻力要少得多；因此，价格会上涨并出现新高。随后，意图套利的抛单，以有限订单或批量订单的形式在不同的价位出现，并且随着市场的走高，流动供给也会逐渐增加，市场的上涨步伐会逐渐沉重，然后就会再次出现回调。

最终，市场会上涨到特定的水平，或者宏观条件会出现一些变化，将导致批量买单被部分或完全撤单，由大量的卖单取代。在这一变化出现以后，牛市将不会继续上涨。现在，下跌的产生

第7章　冲动操盘者和沉着操盘者

要比上涨容易。情况将变成与上面描述相反的逆向过程，市场转而进入熊市。

通常，会有一段相当长的时期在价格高点附近波动，此时在下跌过程中批量买单仍然存在。但在上涨过程中也会有套利的卖单出现，因此在一个月或更长的时间里，市场会一直窄幅震荡。事实上，只要大众股民的买入量一直比卖出量更大，这个状态的持续时间可能会非常长。有时候，这会被称为"筹码派发"。而在熊市的持续过程中，在任何重大上涨出现之前，也会出现类似的、被称为"筹码积累"的时期。

仔细地观察这些交易，或者研究在某些报纸上发布的持续行情报告，通常能使有经验的交易员发现这些最重要的批量订单该在何时撤单或下单。

充满批量买单的牛市，会在下跌时遇到所谓的"支撑"。看空者对于拉低价格很谨慎，因为他们一直在"失去持仓股票"。他们认为"下跌过程中很少有股票被卖出"，因此在市场下跌时，会有特定的谨慎态度出现。并且大致来说，在更低的价位上，交易的行为会减少。但是，在上涨过程中，会出现跟风者，交易行为会增加。

在牛市接近尾声时，会出现一项显著的变化。价格很容易下降，并且交易规模也增大，而上涨却很迟钝，下跌的幅度增大，因为存在大量套利抛单。一只股票批量买单被撤单的那一天，通常能够被发现。

在熊市中，出现"压力"取代"支撑"。在市场上升过程中，批量订单大多都是抛单。上涨中只会出现少量买入者，因此一般来说，商业活动在价格上升时会减少。熊市的结束，以"支撑"的再次出现和"压力"被移除为标志，因此价格会从下跌中快速、大幅度地反弹。

人们通常的假设是，这种"支撑"或"压力"是由"庄家"在背后操纵的。但其实它很可能是来自数百个不同人的批量操盘的结果，这些人的思维模式阻止他们以"冲动型"的方式去买入或卖出。

第8章
个体的思维态度

> ★交易员必须是有逻辑的乐观主义者。许多市场常客具有浅薄的悲观情绪,很难再有比他们更悲惨的命运了。
>
> ★新手,或者不会密切关注技术面的人,当他在谈论"预感"的时候,仅仅是在故弄玄虚地欺骗自己。

在前面的章节中,我们已经看到,在投机市场被认为是"暗箱操作"导致的古怪表现中,即使不是绝大部分,也有相当数量是由对市场的奇怪心理因素造成的。比任何其他因素加起来都更为明显的是,那些不稳定的波动,实际上是交易员试图根据他们认为的一项事实或一则流言可能对其他交易员的心理产生的影

> 最聪明的投资方式,就是把自己当成持股公司的老板。
>
> ★格雷厄姆

响来进行操盘，而不是以事实为基础，也没有用他们自己的头脑来判断这些事实可能对价格产生的影响。这种思维态度使得揣测拥有了极大的发挥空间，而揣测不会被任何事实或常识的确定边界所限制。

但是，如果我们断言根据其他人的可能行为决定自己在市场中的仓位是一种错误的态度，这也是很愚蠢的。对于缺少经验的交易者，这种态度是令人迷惑的，并且初次尝试根据这种态度来制定计划肯定会带来灾难性的结果。但是对于有经验的交易员来讲，它能够成为获得成功的方法，不过，它绝不可能成为有必然把握的方法。

那么，聪明的证券买卖者应该带有怎样的思维态度呢？

"多头延买"的投资者，直接用现金购买，并持仓以获得可观回报，他们考虑这件事，只需要保证自己不被大众情感的奇特想法影响，也不被自己的反向推理过程所迷惑，这

> 投资操作就是基于透彻的分析，确保本金的安全并能获得满意的回报。不能满足这个要求的操作就是投机。
> ★ 格雷厄姆

第8章 个体的思维态度

样的程度就足够了。他只要让自己盯住"事实和价格"两件事,就能得到最佳结果。当前的利率水平,他所购买股票对应公司的盈利能力,政治形势的变化对投资资本的影响,以及由这三个因素导致的当前价格和形势的关系——这些构成了他的思维运转所依赖的最重要基础。

当他发现自己陷入了一直在考虑"他们"接下来会怎么做的状态,或者陷入这样或那样的事件可能对投机者的想法产生怎样影响的状态,那么他最好的做法,就是短时间内停止自己的想法,并严厉地告诫自己"回归常识"。

┘ 你是正确的,因为你的事实是正确的,你的逻辑是正确的,而这也是唯一证明你正确的东西。

★ 格雷厄姆

对于更加活跃的交易员,则是另外一种情况。他不能完全无视价值或基本面,但是他的首要目标应该是"顺应大势"。这就意味着,他的操盘行为将在相当程度上依赖其他人的想法和做法。如此,他自己的思维态度就是他能够获得成功的最重要的组成部分。

首先,交易员必须是有逻辑的乐观主义

者。许多市场常客具有浅薄的悲观情绪，很难再有比他们更悲惨的命运了。这些人的思维不能抓住在价格变动背后的本质力量，几乎对使人生有意义的每一件事都抱有愤世嫉俗的怀疑态度。

但是，鉴于这一事业的本质，其乐观情绪必定和使其他事业类型成功的因素有不一样的特质。一般而言，乐观情绪包含持续存在的希望、非常坚定的自信、确信自己一定是正确的以及完成自己最终成就的坚定决心。但是，股市并不会仅仅因为你坚信它会那样移动，就按照你的希望去移动。不管怎么说，这个例子，使哲学中的"新思想派"并不能直接被应用。

在市场中，你仅仅是事件潮流中的一个水滴。因此，乐观主义的存在，不能使潮流依照你的意愿来运转，而是在于你能成功地"顺势而为"。从某种意义来说，你的乐观情绪是来自于理性，而不是来自意愿。在这种情况下，基于决心的乐观主义将最终导致冥顽不化。

在几乎每一项事业中，决定成功的另一项品质是热情。但这一品质在股市中却没有一点用处。在你允许自己变得热情洋溢的那一刻起，你就使自己的推理能力屈服于自己的信仰或欲望。

你影响其他人的热情，并不会使股市按照你的意愿移动（除非你恰好是一个资金雄厚的多头领袖）。你希望自己的思维像一

第8章　个体的思维态度

个好天气下的高山湖面一样——清晰、冷静、不泛起一丝涟漪。但热情、恐惧、愤怒、失望中的任何情绪只会遮蔽你的理智。

毫无疑问，警告交易员远离固执这一做法，其正确性是不言自明的。不能假设任何操盘手都会有意识地允许自己变得固执。一方面是坚持、寻求确定的方案直到条件发生变化，另一方面是固执地坚持某种行为，但随后发生的事情会证明它是错误的——正是在划清这两方面的界限时，问题就会出现。

把市场扔在一边，到乡村度过一天，或者如有必要，强制地从思绪中解脱出来，这样能够使交易员恢复清晰的思路，因此他能够明智地意识到，或者帮助自己摆脱顽固的缺点。有时候，可能有必要停止所有的交易，脱离市场几天的时间。

所谓"产生概念"，可能是最常见的错误之一。这是因为交易员无法，或者没有成功采用更广阔的视角来看到整个形势。在通常能够控制价格的复杂形势中，某些特定的点在他看来有很强的吸引力，并使他产生这个点将对市场产生影响的印象。他根据这一单独的看法采取行动。这个看法本身可能并没有错误，但是其他的抵消因素可能阻止它发挥应有的作用。

每一天，你都会在华尔街遇到这些"概念"。你遇到一个非常保守的人，并询问他对形势的看法。"对于激进情绪的快速蔓延，我感到十分警惕，"他回答道，"当社会主义一般的立法可能随时带走所有利润，我们怎么能够期望资本能够拓展到新的事业中呢？"

你温和地提到，粮食的收成很好，金融形势很健康，商业很活跃等等。但是所有这些不会对他产生任何影响。他卖出了所有股票，把自己的资金存放在银行。（他可能还进行了相当数量的卖空，但是他不会告诉你这一点。）他会一直等到大众变得"理智"，然后才会再次买入。

下一个与你聊天的人会说："当前粮食收成预期会非常好，因此不会出现严重的下跌。粮食是一切的基础。随着数十亿美元的财富从田地生长出来，并且流入交易渠道，在接下来的一段时间里，我们必定会迎来繁荣的宏观形势。"

你会提到激进主义、不利的立法、生活的高昂开销等；但是他觉得与新产生的财富相比，这些因素都相对不重要。当然，他看多股票。

"糟糕的事情也有美好的一面"，苏格拉底如是说。我们无法看到苏格拉底对华尔街的评论，这真是太遗憾了。苏格拉底的思辨方法应用到普通投机者的身上后，能够产生滑稽的结果。

第8章 个体的思维态度

除非市场的动向显示其他人也同意你的观点，否则你要留心这种说法："在当前形势下，这是最重要的因素。"每个人的想法都有其独有的特质，因此尽管你不能明白地看到它们，你的想法应该也是如此，但是股票市场是许多思维的集合，它会拥有你所能想到的一切特质。在某个形势下，不管某些单独的因素在你看来有多么重要，它也不能无视其他因素而控制价格的波动。

关于"产生概念"的一个夸张的例子，是所谓的"预感"。如果这个词语存在意义，那么它似乎表示突然迸发的强烈直觉，使得交易员无视逻辑而依照它行事。在许多情况下，"预感"仅仅只是一阵强烈的冲动。

几乎任何一个生意人都会提到"我有预感我们不应该这么做"，或者"不知何故，我不喜欢那个建议"，但是他们却不能清晰地阐述自己提出否定看法的依据。相似地，一个几乎半生都在观察股市的人，他的"预感"可能并非毫无价值。在这样的情况下，它无疑表示一系列小指标的积累，每个指标都如此微不足道或难以捉摸，以至于交易员都不能在自己的思维里清晰地整理并回顾它们。

只有经验丰富的交易员才会拥有这样的"预感"。新手，或者不会密切关注技术面的人，在谈论"预感"的时候，仅仅是在故弄玄虚地欺骗自己。

成功的交易员，能逐渐学会研究自己的心理特性，并在某种范围之内允许在自己判断中存在着习惯性的错误。如果他发现自己通常太急于得到一个结论，他会学着等待，并进行进一步思考。在拿定主意之后，他不会立即执行决定，而是把决定放在一边让它再成熟一点。当他感到最有信心的时候，他也只会投入部分资金，把其余的资金作为储备。

如果他发现自己通常都过分谨慎，他最终会学会变得稍微大胆一些，在他的想法仍然部分笼罩在怀疑的薄雾之下的时候，买入部分仓位。

绝大多数能够给出的实用建议，基本都带有某种负面的特性。相比于我们采取一些正确的行动，指出应该避免的错误更加容易成功。但是下面的建议概要，可能对活跃的交易员有用。

1.你必须目标明确，头脑冷静，不能因一

> 做个有耐心的投资者，愿意等到企业的价格变得有吸引力时才购买股票。
>
> ★ 格雷厄姆

第8章 个体的思维态度

些道听途说的消息而莽撞行事；不要过度交易让自己变得焦虑；更不能让自己在市场中持有的仓位影响你的思维。

2.要么依照自己的判断行动，要么无视自己的看法、绝对彻底地按别人的判断行动。"厨师多了烧坏汤，人多手杂反坏事。"

3.当心存疑虑、游移不定时，不要进行交易，延误成本小于亏损。

4.努力培养对走势的敏感度，即使目前你还不能把握它，但这也绝不会是做无用功。

5.99%的活跃交易者最大的错误是价格处于高位时看多、价格处于低位时看空。因此，当市场表现得超出你对合理高点的判断之时，请勿跟进，不要觉得不出手好像就是在赔钱。

作者希望他的评论和建议，在帮助读者避免不明智的风险和对投资或投机形势的分析原理方面，能够起到一定的作用。

附录

三大金融泡沫与群体心理

1. 密西西比泡沫

说起密西西比大阴谋,就不得不提到约翰·劳这个人,他的品行、经历与发生在1719—1720年的那场大骗局有着密不可分的关联。可以说他是整个阴谋的始作俑者。

在历史学家们看来,约翰·劳这个人是个十足的大骗子,他是个居心叵测的阴谋家、小人,甚至有人说他是疯子……如此种种,不一而足。之所以如此,是有其深刻的现实背景的。因为他的一个计划,害得无数人为此赔上身家性命,那些令人痛心的不幸后果被深深地烙印在人们的心中,久久不能忘怀。但是随着事态的逐步明朗,人们如此对待他是不公正的。约翰·劳既不是骗子，也不是疯子。与其说他设计骗人，不如说他本身也是受骗者；与其说他是罪犯，不如说他只是无辜的替罪羊。

客观来看，约翰·劳本人其实是个非常优秀的金融专家。他对信用的理论和原则可谓了如指掌，他比同时代的任何人都要熟悉金融问题，而且他所建立的金融系统会如此快速地坍塌，主要原因并不在于他。那些被从众心理推动着渴望快速攫取金钱财富的人们，才是问题的根源所在。

约翰·劳自己也没有料到整个国家竟会陷入如此巨大的贪婪狂潮中。他更没料到，人们的信心，就像怀疑一样，可以无限制地增长、膨胀；而希望也可以像恐惧一样四处蔓延，最终吞噬一切。他又怎么能够预见到，法国人会像寓言中所描绘的那样，在金钱的疯狂驱使下，在发疯般的渴望中，杀掉那只曾给他们下了无数金蛋的鹅呢？

1671年，约翰·劳出生于苏格兰首府爱丁堡的一户富裕人家，他是家中的长子。约翰·劳在很小的时候就在数字方面显露出了非比寻常的天赋。1688年，约翰·劳的父亲去世后，他带着继承的遗产来到伦敦，打算在这个花花世界闯荡一番。这个出手阔绰又潇洒风趣的苏格兰男子，同在他的家乡一样，受到了伦敦

附录　三大金融泡沫与群体心理

上流社会社交界，尤其是那些名媛们的欢迎。与在赌场中相似，情场上，约翰·劳也是个常胜将军，纵横花丛中进退自如。

大约1700年，他返回爱丁堡，并发表了一本名为《组建一个贸易委员会的建议和理由》的小册子。但是并没能引起人们的关注。没多久，他阐述了一个建立所谓的"土地开发银行"的新主张。该主张认为，银行所发行的货币绝对不能超过这个国家的所有土地的价值。在正常的利率下，或者与土地价值相当。拥有这些货币的人，在特定的时间有权被认为拥有土地。这次，他的提议在苏格兰议会中激起了轩然大波，并持续了相当长一段时间。其中的一个中立党派甚至还专门提出议案要求政府建立这样一家银行。约翰·劳对此很是兴奋。但是，议会最终通过决议认为：强迫发行任何形式的纸质货币以促进流通，对整个国家来说是很不明智的，那将可能使整个国家陷入巨大的风险之中。

计划失败了，他不得不离开苏格兰重返欧洲大陆，继续操持着赌博旧业。在法国，约翰·劳接触到了法国宫廷中几位位高权重的大人物，例如旺多姆公爵、孔蒂王子和奥尔良公爵等，约翰尽可能地抓住每次见面的机会向新朋友灌输自己的金融主张。

1715年，路易十四去世，年仅7岁的继承人登上王位，奥尔良公爵则被指定为摄政王，负责辅佐小皇帝主持朝政。好运一下子降临到了约翰·劳的头上，如洪水般猛烈，约翰·劳梦寐以求的财富和地位似乎近在咫尺。摄政王既是他的朋友，又对他的货币理论和设想十分熟悉，更关键的是，他愿意无条件地帮助约翰重新树立法国伤痕累累的信誉。众所周知，在路易十四漫长的统治期间，法国的金融信用已经被皇室贵族们的奢靡无度弄得岌岌可危了。

整个国家的财政已经到了崩溃的边缘。上梁不正下梁歪，国王的腐败堕落引起各级官员的竞相模仿，从上到下无人不贪，无人不恶。整个社会的经济秩序混乱不堪。国家债台高筑，外债总额竟高达30亿里弗（十八世纪前后法国的货币单位），而国家每年的财政收入总共只有1.45亿里弗，仅政府开支就要花费1.4亿里弗。也就是说，每年只剩500万里弗来支付这30亿外债的利息。摄政王受命于危难之际，他要做的第一件事就是想办法扭转乾坤，改变当时的危机局面。

劳氏银行的建立

正当法国财政一片混乱之际，约翰·劳隆重登场了。没有人会比摄政王更加深刻体会国家的悲惨状况，也没有人比他有能力力挽狂澜。但是他却讨厌商业贸易，经常不假思索就签发官方文

附录　三大金融泡沫与群体心理

件,并喜欢让别人代劳他自己分内的事情。身处高位所应承担的责任对他来说是一种负担。虽然他知道必须采取相应的措施来遏制当前的情况,但是他不愿意也不能花费太多的精力。为了不牺牲自己的安逸和舒适,他希望找个代理人来帮忙处理那么多令他头疼的事务。于是,约翰·劳,这个为他所赏识的既有才华又灵活聪明的"探险家",就成了他所倚重的得力干将。约翰此前一直在酝酿却始终得不到施展的伟大计划,终于有了用武之地!

踌躇满志的约翰·劳一出现就受到了大臣们的热烈欢迎。他向摄政王提交了两份备忘录,指出由于流通中的货币量不足以支撑经济的正常运行并且屡屡贬值,金融危机已经笼罩了法兰西。他认为缺少纸币的辅助,金属货币远远不能满足一个商业国家的要求。为此,他还专门引述了英国和荷兰的例子来说明纸币的好处和优越性。因为当时的法国经济在欧洲诸国中显得十分不景气,他提出了许多关于货币信用的实际论据来重建法国的货币信用。他还建议建立一家专门负责管理国家税收的银行,并以这些税收和不动产为基础发行纸币。他进一步提出,这家银行应该以国王的名义进行管理,但实际上必须由议会指定组成的委员会来操控。

法国政府还批准了约翰·劳在备忘录中请求的其他特权,一

95

开始人们认为这只是个权宜之计，但后来的事实则证明，这些特权并没有被滥用，反而还带来了不少好处。

从此，约翰·劳平步青云，踏上了一条康庄大道。30年来累积的丰富的金融知识使他在处理金融业务时显得从容不迫、游刃有余。劳氏公司的银行所发行的纸币可以随意购买或者兑换，而且发行后其价值保持不变。这一点可说是惊人之举，也是其政策的主要成就。人们开始信任纸质货币，最终使纸币的价值超过了黄金、白银等金属货币。而后者通常会因为政府不明智的干预而导致贬值。有时候，1 000个银币在第一天还与它的名义价值相等，第二天就可能缩水35%。而劳氏公司发行的纸币却始终保持着它原来的价值。约翰·劳还宣称，如果一个银行家在发行纸币时，没有足够的资金来满足所有公众的需求，那么，他就只有死路一条。所有这一切促使他所发行的纸币日益受到大众的欢迎，价值也水涨船高，甚至比等值的金属货币还高百分之一。

很快，法国商贸业就从这项新货币政策中获得了巨大的利益，日渐萎缩的商业慢慢开始复苏。人们开始正常纳税，纳税时也不再那么抱怨连天，纸币的信用也慢慢稳固。如果这种信任继续保持下去，国家的整个经济状况将会更加稳固，经济也会日渐繁荣。就这样，一年内，约翰·劳发行的纸币价格居然超过了面值的15%。而政府发行的用来偿还路易十四所造成的欠债的国库券，价值则下滑到面值的21.5%。这种强烈的对比对约翰·劳非常有利，以至于他成了整个国家的焦点，信誉也蒸蒸日上。几乎同一时间，在里昂、罗谢尔、图尔、亚眠和奥尔良等地，劳氏银行的分行纷纷建立。

摄政王对于约翰·劳所获得的惊人成功显得极为诧异，于是，一种错误的观点在他的头脑中慢慢形成：纸币既然拥有如此强大的力量来支持金属货币，当然也可以完全取代它。可他却没想到，事情并非这么简单，在这种荒谬观念的驱使下，他做出了许多蠢事。

与此同时，约翰·劳开始着手策划令他"永垂青史"的惊人计划。他向言听计从的摄政王提议建立一家公司，这个公司应该拥有与密西西比河广阔流域以及河西岸路易斯安那州做生意的专有特权。据说，新大陆上的这两个地方到处都是黄金。劳氏银行和法国政府如能独占这个极具吸引力的大市场，无疑将获得空前的暴利，同时成为唯一的赋税承包人和钱币铸造者。

密西西比泡沫初现端倪

1717年，贸易授权书发下来以后，公司顺利成立。公司总资本被划分为20万股，每股500里弗，这些股票可以用国库券以面值购买。尽管面值500里弗的国库券市场价格仅相当于160里弗，但是投机的狂潮已经席卷了整个法兰西，为了快速发财致富，没有人在乎这些。劳氏银行所创造的辉煌业绩连约翰·劳自己都忘乎所以，他甚至认为自己向大众许下的任何承诺人们都会坚信不疑。摄政王每天都在赋予这位"幸运儿"以新的特权。劳氏银行最终垄断了法国的烟草销售市场，独揽了改铸金、银币的大权。最后，银行彻底改头换面，竟成了法兰西皇家银行（the Royal Bank of France）！面对如潮赞誉，约翰·劳和摄政王开始肆意妄为，他们都忘记了约翰·劳本人也曾为此大声疾呼过的准则：如果一个银行家没有足够的资金储备去支持所发行的货币，那他就只有死路一条！

当劳氏银行刚刚从私营转为国营的皇家银行，摄政王就命令它发行了面值10亿里弗的新币。这是他们偏离稳健原则的第一步，约翰·劳对此不需要负太多的责任。毕竟，当他掌控银行业务时，银行发行的纸币从未超过6 000万里弗。但是约翰·劳对摄政王主导的这个计划是否有异议，后人不得而知。但有一点却是可以肯定的：在这家私人银行摇身一变被皇家管理之后，只能让摄政王本人来承受各种各样的指责和骂名。

不久，危险的前景开始出现端倪。

附录　三大金融泡沫与群体心理

　　法兰西议会从开始就对一个外国人插手本国事务极度仇视，同时也对约翰·劳提出的那些大胆计划的安全性心存疑虑。随着约翰·劳在法国国民心中的影响力越来越大，议员们对他的敌视心理也越发强烈。一些议员甚至公开反对约翰·劳利用银行大量发行纸币，斥责这一行为造成国内金银货币的持续贬值。法官德·阿格索就因为反对这一计划而被撤职。此举无疑是火上浇油。尤其是当摄政王的亲信之一德·让松被任命为法官以接替德·阿格索的原有职务，并同时兼任财政大臣时，议会的敌意更加强烈了。新官上任三把火，新财政大臣上任后放的"第一把火"就是使金银货币进一步贬值。为了尽快清偿国库券，他下令凡是送4 000里弗硬币和1 000里弗国库券到造币厂的人都可以得到5 000里弗的硬币。德·让松对这一举措沾沾自喜，整日忙于将4 000个旧的足值硬币改铸成5 000个新的、掺了水分的小硬币。由于对贸易和信用的原则一窍不通，他根本不明白自己所做的一切对贸易和信用造成了多么大的伤害。

　　议会马上察觉了他的失策以及这种做法的危险性，并再三向摄政王陈情，但是摄政王却充耳不闻。

　　纵然议会依旧强烈反对，公司股价却依然迅速飙升。急于申请新股的人们不断地涌向约翰·劳位于甘康普瓦大街的宅邸，这里从早到晚都被挤得水泄不通。巨大的需求注定了很多人的要求得不到满足，因此新股票持有人名单只能推迟到几周后再确定。在这段日子里，民众的焦急心情几乎已濒于疯狂的边缘。就连那些平日里装模作样故作清高的公爵、侯爵、伯爵以及他们的夫人们也都放下了矜持，为那金光闪闪的"钱"途而疯狂了。每天，这些贵族们纷纷聚在约翰家门口的大街上，为早点知道结果等几个小时都心甘情愿。最后，等待的人已经成千上万，充斥了整个大街。为防止互相推挤，他们甚至在邻街租房暂住，以便能经常从"财神爷"的圣殿得到第一手的财富信息。旧股的价格也因此被拉高，节节攀升。整个国家陷入疯狂的黄金梦魇中无法自拔，新的申购人如热浪般一波接着一波。

为了满足高涨的需求，最后，公司认为可以再发行30万新股，每股发行价500里弗。这样一来，摄政王就能够清偿所有的国债。以前，为了这个目的财政必须要想方设法筹集到15亿里弗的资金。现在，全国上下一片狂热，只要政府认可，即使三倍于此的数额人们也情愿付出。

金钱也疯狂

约翰·劳达到了人生的巅峰，法国人的疯狂也达到了顶点。无论是豪门显贵，还是山野村夫，每个人都在幻想着拥有无尽的

附录　三大金融泡沫与群体心理

财富，成为超级富豪！在上流社会的贵族中，除圣西蒙公爵和威拉斯元帅之外，其他人不论男女老少，不论贵贱贤愚，人人都想从密西西比债券涨跌造成的差价中分得一杯羹。甘康普瓦大街一时间变成了股票经纪人聚集之地。因为该街又窄又不方便，再加上人口聚集，所以事故频发。与此同时，这条大街两边的房子的租金也飞涨，由原来每年1 000里弗涨到了16万里弗。一个在街边摆摊的补鞋匠把自己的摊位租了出去，同时向经纪人及其客户提供纸笔，这种方法令他每天净赚200里弗。更夸张的是，一个驼子利用自己的驼背给那些忙碌的投机商当书桌，居然也狠赚了一笔。

约翰·劳也被这种情况困扰，觉得住在此地太不方便了，于是决定全家搬到了旺多姆广场。但是，那些消息灵通的投机商们也很快追到了那里。宽阔的广场顿时变得同甘康普瓦街一样拥挤。从早到晚，整个广场就如同人山人海的菜市场。广场上临时搭建了各种各样的帐篷和货摊，以供人们买卖股票兼贩卖饮料餐点。赌徒们甚至把轮盘的赌桌也搬到了广场中央，从熙来攘往的人群手里赚得大量钱财。到林荫道上或花园里散步消闲的人逐渐变少了，大家更喜欢到旺多姆广场消遣。这里除了是做生意人的聚集地之外，也成了闲逛者时髦的休息之地。

约翰·劳知道后表示愿意帮忙解决这个麻烦。为此，他开始与加里格南亲王协商，打算租下亲王的苏瓦松官邸，因为这座官邸的后面带有一个面积数英亩的大花园。经过几番讨价还价，约翰·劳以近乎天文数字的价格买下了官邸，而亲王则留下了那个宽阔豪华的后花园好获取更丰厚的利润。后花园里有几座精美的塑像和喷泉，设计极有格调。搬进新居以后，约翰·劳就派人发布公告，所有人必须在苏瓦松官邸的后花园中进行股票交易。为给交易者提供合适的场地，亲王专门命人在花园中的树木之间搭起了约500个小帐篷以及摊位。五颜六色的帐篷之间飘扬着色彩明亮的彩带和旗帜，无休止的喧哗声夹杂着音乐声，以及人们脸上流露出的喜怒哀乐掺杂在一起的表情……这一切都使巴黎显得如此新鲜奇幻又富有魔力。精明的加里格南亲王在这个花园上赚到了丰厚的利润。每顶帐篷的租金是一月500里弗。花园中至少有500顶帐篷，亲王每月的纯收入仅帐篷一项就高达25万里弗，也就是超过1万英镑！

但也有人对这种全民性疯狂保持理智，陆军元帅威拉斯就是其中之一。看到同胞们正做着愚蠢的事且不能自拔，这位老兵感到非常窝火。有一次，当他乘坐马车路过旺多姆广场时，看到人们依然痴迷于买卖股票，他性格中暴躁的一面便展露出来，突然命令车夫停车，把头探出车窗，向人群大声疾呼，要求他们停止这种"令人鄙视的贪婪行为"。他足足讲了半个钟头，称得上用心良苦。可是，人们却对此嗤之以鼻，回应他的是人们的嘘声和嘲笑声，甚至有人用杂物去回应他，差点打到他的脑袋。这时，他无奈地驾车远遁，此后，类似的事情再也没有发生过。另外，有两个更加清醒、安静并富于思辨性的学者——拉·莫特先生与提·哈松神父，前一天刚刚彼此祝贺对方没有卷入这场奇怪的狂热行动，隔天德高望重的神父转身就上苏瓦松官邸买股票去了。当他买完出来时，恰好撞见也来买股票的老朋友拉·莫特。"哈，那是你吗！"神父问道。"是的。"拉·莫特回答。说完就快速地从朋友身边走过。当两人再次相见时，只对哲学、科学和宗教发表高论，两人也没勇气再对密西西比计划指手画脚了。最终，两人不得不面对这样一个问题，最后得到一致的结论：一个人永远也不要发誓坚决不干某件事情，还有世界上也不存在什么即使聪明人也不能享受的奢华。

在这个疯狂的年代，约翰·劳俨然成了法国最重要的新财富主宰者。还有人为了见到约翰·劳而做出令人啼笑皆非的举动。有一位女士，一连几天都到约翰·劳的家里拜访，每一次都无功而返，这样的结果令她放弃了这种方式。但她告诉车夫要打起精神，当她外出时，如果约翰·劳先生恰巧在马车旁就让马车撞向灯柱，把她摔下来。马车夫郑重地接受了她的任务。在接下来的三天，这位女士一直乘着马车在城中穿行，并在心中祈求上帝赐给她与约翰·劳先生见面的机会。在第三天将近结束时，她看到了约翰·劳先生走向她的马车。她瞬间抓住马缰，对车夫大喊："让马车翻掉！看在神的面上，让马车立刻翻掉！"车夫随即赶着马车撞向柱子，这位女士则借机尖叫，最终车子翻了。这场事故就发生在约翰·劳的眼前，一向对女士十分殷勤的约翰·劳没有错过这个机会，马上跑到马车翻倒的地方进行救助。这位机灵的女士被带到了苏瓦松官邸，当她觉得"惊恐"的精神应当恢复过来时，她向劳先生说出了事实的真相并道歉。约翰·劳面带微笑地请这位女士说出名字，并允诺她可以买一些股票。还有一个故事是关于布莎夫人的。当她得到劳在某个餐馆吃饭的消息后，就马上赶到那里，一进门便惊呼失火。餐馆内用餐的人立即四散逃命，当所有人奔向外面时，约翰·劳发现一位女士匆忙地走向他，他意识到其中可能有问题，便向另外的方向逃走了。

当时，还有许多趣闻轶事流传，虽然会觉得有些夸张，但却是当时人们精神状况的一种反映。一次，摄政王与达让松、杜布瓦神父等人谈起自己正在为让哪位高贵的公爵夫人可以代他到摩德纳照顾他的女儿而忧愁。他说："不知在哪儿能找到合适的人？"其中一个人略带吃惊地说："您难道不知道？您只要到

附录 三大金融泡沫与群体心理

约翰·劳先生家,就可以在他的会客厅中见到法国所有的公爵夫人。"

有时,经过几个小时,股票的价格就上涨了一二十个百分点,许多人在早上出门时还一贫如洗、地位卑贱,可晚上回家时已是百万甚至千万富翁了。有一位拥有大量股票的投资人,在生病时他命令他的仆人去苏瓦松官邸花园卖出250股。这位仆人到达后发现股票价格已从每股8 000里弗上涨到1万里弗。这位聪明的仆人卖掉了那250股的股票,并从中赚取了每股2 000里弗、共50万里弗(约2万英镑)的利润。他从容地将这笔意外之财投入了自己的钱袋,然后用剩余的钱向主人交差,当天晚上就逃离了法国。

最后一颗财富流星

1720年,社会日趋繁荣。议会多次发出"纸币的过量发行早晚会导致整个国家经济崩溃"的警告,但人们无视这些警告。而根本不了解财政运行原理的摄政王则认为,既然发行纸币能给经济发展带来好处,那为什么要对它进行限制呢?如果5亿里弗的纸币就带来了令人兴奋的利益,再发行5亿就会有更大的好处,而此时约翰·劳没有指出摄政王这个巨大的逻辑错误。

1720年年初,第一个小小的警告发生了。由于约翰·劳拒绝了孔蒂亲王以他自己制定的价格购买新上市的印度股票的要求，这位孔蒂亲王让人带着满满的三马车纸币到约翰·劳的银行，要求将所有纸币兑换成硬币。约翰·劳有些怨恨亲王，就向摄政王指出，如果孔蒂亲王的举动被许多人效仿的话会给国家造成很大的危害。摄政王对此也心知肚明，于是他派人找来了孔蒂亲王，并用带着愤怒的语气命令亲王将兑换来的硬币的三分之二再次存入银行。亲王被迫执行了这个专制的命令。但是不久后，又有许多人仿效了孔蒂的做法。稍稍有点头脑的股票投机者都会知道股票价格不可能只升不降。银行投资家布尔东和拉·理查迭赫秘密地将他们的纸币一点点地兑换成硬币并运到国外，他们还买了许多便于携带的金银器皿和稀有珠宝，然后秘密运往英格兰或荷兰。作为投机商的韦尔马莱也感觉到了风暴即将来临，于是他购买了价值超过100万里弗的金银币，并将其装到一辆普通的农村马车上，然后盖上干草和牛粪，他则穿上肮脏的衣服伪装成农夫，将这车贵重的金银安全运到比利时，最后转运到了阿姆斯特丹。

一开始，任何人都可以在任何时间将纸币兑换成硬币。但经过一段时间，硬币严重匮乏的情况就出现了，许多人开始抱怨。约翰·劳建议发布命令，将相同面值的硬币贬为比同面值纸币的价值低5%，这项命令没有发挥预期的作用。紧接着又发布了另一项命令，这次硬币价值贬值到低于纸币10%。同时，银行规定了每次兑换硬币的限额：金币100里弗、银币10里弗。虽然兑付限额措施勉强保住了银行的信誉，但这些努力还是没有唤起人们对纸币的信心。

采取诸多措施后，贵重金属不断流向英格兰和荷兰的趋势并没有被遏制住，国内仅存的少量硬币也被小心谨慎地保存或藏匿起来。最终，国内硬币匮乏到了贸易都无法维持下去的程度。在形势万分危急之时，约翰·劳进行了他最大胆的实验：禁止任何硬币流通。1720年2月，政府颁布了新的法令，这个法令不仅没有在恢复纸币的信誉方面有所作为，反而还进一步摧毁了人们对纸币残存的一点信心，使整个国家也被推到了暴乱的边缘。这个法令规定，任何人不得持有超过500里弗的硬币，违法者将被没收全部硬币并遭受巨额罚款。这个法令还禁止所有收购金银首饰、器皿和珍贵宝石的行为，同时还鼓励人们告发违犯规定之人，承诺告密者可以得到其告发的违法数额一半的报酬。在这种前所未有的暴政下，全国人民陷入了痛苦之中。

人们痛恨摄政王和不幸的约翰·劳，不停地咒骂他们，并送给他们许多绰号。即使硬币超过500里弗就成了非法货币，但不到万不得已人们还是不愿接受纸币，因为谁也不知道今天的钞票到第二天能买到什么。

法兰西之怒

1720年2月,议会顺应了人们的想法,发布了皇家银行与印度群岛公司合作的法令。

5月初,摄政王召开了由约翰·劳、德·让松以及所有大臣共同参加的国务会议,最终,会议讨论决定让纸币贬值50%。

5月21日,政府颁布法令宣布印度群岛公司的股票和银行发行的纸币将一同贬值,到年底,它们将按照面值的一半在社会上进行流通。银行周边的人总是很多,几乎每天都有人因为拥挤而丢掉性命。

7月17日,银行被人们围得水泄不通,由于人数太多,当天竟有15人被挤死在银行门口。

约翰·劳的悲惨结局

在世界各国中,法国人最擅长用歌声唱出心中的不满。有人认为法国的全部历史都可以用歌曲来反映。由于经济计划的彻底失败,约翰·劳成了最臭名昭著的人,人们自然也就把讽刺挖苦送给了他。所有的商店中都出售约翰·劳的漫画像,街头巷尾到处传唱着刻薄地讽刺他和摄政王的歌谣。这些歌谣中有许多粗鲁的词语。其中有一首歌谣还劝人们把约翰·劳发行的纸币当作厕纸用。

下面这首讽刺诗也出现在这一时期：

星期一，我买了股票，

星期二，我赚到几百万，

星期三，我买了好家具，

星期四，我买了上好的衣衫，

星期五，我跳舞欢歌，

星期六呢，我来到了乞丐收容站。

由于群情激奋，约翰·劳在没有护卫的情况下尽量不会出现在大街上。他躲在摄政王的皇宫里，以免被群众围攻。为了避免危险，每次出门他都乔装改扮或者坐在一辆两旁有全副武装护卫的皇家马车上。

由于利息只有2.5%，用巴黎市的赋税作为担保发行的那25万份债券没有得到密西西比公司股票大户的认可，债券的兑换进展困难，许多人怀着公司股票价格反弹的美好愿望，甘愿保留下跌的股票。为了尽快完成兑换，8月15日政府发布了新命令，规定所有面值在1 000到1万里弗的钞票，只能在三个领域中流通：购买年金保险、支付银行账单以及为买公司的股票而进行分期付款。

10月，又有新的法令颁布。这个法令规定11月以后所有面值的纸币将不能在市场流通。印度群岛公司或者可以说是密西西比公司所拥有的造币权、代收赋税权以及其他所有的特权都被剥夺了，公司也变成了彻头彻尾的私人公司，这成了施加给整个纸币系统的致命一击。

居住在法国已经变得不安全了，这让约翰·劳感到非常绝望，也因为这样他打算离开法国。起初，他恳请摄政王允许他离开巴黎搬到乡村的住宅，摄政王毫不犹豫地同意了。

约翰·劳由6名士兵保护着去了布鲁塞尔。后来，他又辗转到了威尼斯，并在那里盘桓数月。他离开的消息一传开，他名下的地产以及珍贵的图书馆都被查封了。另外，还剥夺了他妻子、女儿的20万里弗（8 000英镑）的年金，尽管在约翰·劳的事业达到巅峰的时候，政府曾以特别命令的形式宣告这个年金在任何时候、任何情况下都不得没收。人们对于约翰·劳被允许出逃感到

附录 三大金融泡沫与群体心理

十分不满。他们和议会都很愿意看到约翰·劳被处以绞刑。

至于约翰·劳,在离开法国的日子里他盼望着能够被召回法国,以稳定经济为基础重建法国的信誉。但当摄政王于1723年冬天和帕莱莉公爵夫人谈话时突然去世的消息传来时,约翰·劳完全绝望了。他又开始频繁出入赌场,由于情势所迫,他多次当掉了自己巨额财富中唯一留下来的钻石,但赌博的成功又使他多次将宝石赎了回来。由于受到债主的逼迫,他从罗马辗转到了丹麦的哥本哈根。在那里,他得到英国大使的准许回国定居,在英国停留了四年之后,约翰·劳去了威尼斯,并于1729年在惨淡中离开人世。下面是人们为他写下的墓志铭:

一个著名的苏格兰人长眠在这里,

他的数学技巧罕有人及,

他以普通的数学规则,

将法国变得穷困潦倒。

2.南海幻梦

1711年的英国，享有盛誉的牛津伯爵哈利创立了一家公司，这家公司被赋予了发行总值近1 000万英镑股票的任务，所筹的资金主要用于清偿陆军、海军债券和其他一些短期债务，同时，公司还肩负着恢复因辉格党内阁解散而受到影响的公共信用的责任。在这家商业公司名字还没有确定的时候，它就把上述众多的责任揽到了自己身上。

作为回报，英国政府允诺在一定时期内按6％的安全利率支付利息，这意味着英国政府每年要提供60万英镑的利息。为了支付这些利息，英国政府给予了该公司税收优惠，他们所经营的酒、醋、印度货、缫丝、烟草、鲸鳍和其他一些商品将使用永久退税政策，此外，英国政府还授予了他们南海贸易的垄断权。受这一事件的触动，这个由议院批准设立的公司，为自己取了"南海公司"这样一个他们连自己都从未曾听过的名字。在公司创立的过程中，伯爵先生用自己的股份承担了大部分信用风险，因此善于溜须拍马的人就用"牛津伯爵的杰作"来夸赞这番谋划。

成立之初，南海公司就有一个路人皆知的图谋，那就是掠取南美东部海岸蕴藏的巨大财富。那时，人们都知道秘鲁和墨西哥

附录 三大金融泡沫与群体心理

的地下有着数量惊人的金银矿，只要英格兰的制造商可以登上海岸，马上就会有数以百倍计的金砖银锭不断地运回英国。这时，西班牙打算放弃位于智利和秘鲁海岸的四个港口的消息也传开了，这更让人们的信心倍增。于是，在多年之间，南海公司的股票一直很受欢迎。

西班牙国王菲利浦五世并没有让他们的如意算盘得逞，他根本没有想过允许英国人利用西班牙在美洲的港口进行自由贸易。两国为此事而展开的谈判只有一个结果：签订了一个贩奴合同。按照合同约定，西班牙政府授予英国向其殖民地贩卖黑人的30年特权，但每年只能进行一次，而且轮船吨位和货舱容积也受到了限制，目的地也只限于墨西哥、秘鲁或智利。另外，西班牙还提出了一个非常严苛的要求：每年英国贩奴所得利润的25%要交给西班牙，并且剩余75%的利润也要按5%的税率征税。始料未及的谈判结果让伯爵和同僚们大失所望，他们那些对南海公司的美好幻想也一扫而光。

但是，公众还是对南海公司怀有坚定的信心，因为牛津伯爵公开表示，西班牙同意英国在合同的第一年增加两艘货运船，同时，还给出了一份大大超出约定范围的清单，让人们感到似乎西班牙的所有港口和码头都会向英国开放。但合同约定的货运船舶的首航直到1717年才实现，而一年之后，这个贸易合同就因为英国和西班牙断交而中止了。

在1717年的议会会议上，国王通过演讲暗示公共信用状况堪忧，并给出了以适当的措施减少国内债务的建议。南海公司和英格兰银行这两家大公司在同年5月20日向议会提出了自己的方案。南海公司的方案是以认购或其他方式将其资本存量从1 000万英镑增加到1 200万英镑，并主动将其利息从6%降至5%，英格兰银行的方案也包含了同样的内容。经过多次辩论，议会最终通过了三个法案：南海法案、银行法案和通用基金法案。在南海法案中，议会采纳了南海公司的建议，拟由南海公司发行200万英镑的股票，以偿还安妮9年和安妮10年的彩票基金债务。在银行法案中也给了英格兰银行一个较低的利率，其发行股票的总额是1 775 027英镑15便士。银行答应交出即将到期的总额为200万英镑的财政部账单，并接受10万英镑的年金，作为全部股票一年期利息的抵押。议会还要求银行按5%的利率为该项目准备总额不超过250万英镑的预付金，以备紧急情况使用。通用基金法案则列举了各种赤字，这些赤字将由上述收入进行冲抵。

这样，南海公司的名字又一次出现在公众面前。虽然在与南美各国的贸易中并没有获利，但是它却作为一个金融公司兴旺发达起来，公司的股票也受到追捧。受到这些成功事件的鼓舞，董事们开始策划扩大影响的新举措。这时，他们想起了约翰·劳谋划的曾经使法国人为之疯狂痴迷的密西西比计划。他们也想要在英格兰实施同样的计划。虽然他们预感这个计划有可能会失败，但还是不忍放弃。他们认为凭自己的聪明才智，不但会免于灭顶之灾，而且还能够使这项计划永不停息地执行下去，不但可以充分利用信贷这个工具，而且还不会引火烧身。

正当约翰·劳的计划如火如荼地进行，数以万计的人涌到甘康普瓦大街，疯狂地渴望财富之时，南海公司的董事们向国会提交了支付国债的著名计划。于是，在欧洲两个不同的国家里，人们惊喜的眼睛里似乎呈现出同样一幅金银财宝滚滚而来的图画。在英国，这场疯狂游戏的开始迟于法国，但他们一陷入狂热之中就再也难以自拔了。1720年1月22日，英国议会下院成立了一个委员会，该委员会专司研究实施国王演讲中关于公共债务的旨意以及南海公司关于偿还债务的方案。方案分为几个部分，总的篇幅很长，所涉及的国债总值为30 981 712英镑。南海公司害怕这笔债务全部由自己承担，因此在方案中提出了在1727年仲夏以前维持5%的安全利率、其后降为4%的要求，委员会愉快地同意了这个要求。

整个厄雷交易街都变得异常兴奋。南海公司的股价飙升,从一天前的130英镑快速涨到了300英镑,在下院讨论的推动下,股价还在持续攀升。议院内只有沃普乐一个人还在大声疾呼表示反对,他怀着沉重而激动的心情向众人慷慨陈词:"这将会是扼杀我国的工商业天才的一次危险的股票投机行为。它会像危险的恶魔一样,使人们沉睡在财富从天而降的幻想之中,不再相信踏实的劳动,它会把人们引向歧途。这个计划的实质是无比邪恶的,它只会让大众陷入长时期的疯狂而不能自拔,人为地使股票价值上涨到超出真实价值的价格,在这种基础上的分红是永远不会做到的。"他如先知般地预言,如果这项计划的目标顺利实现,南海公司的董事们将摇身一变成为政府的主宰者和大英帝国新的独一无二的独裁者,操纵立法权。如果如他所相信的那样失败了,就会惹来全国人民的愤怒,但整个国家也将被毁灭。当人们面临这样的厄运时,就会从像清晨刚刚从噩梦中惊醒一样,问一声他们所见到的到底是真的还是假的。但沃普乐的仗义执言就像石头落入深水中一样,没有得到任何回应。人们认为他是一个失败的"先知",并把他看作是一只发出不祥之兆叫声的乌鸦。但是,他的挚友们却认为他是当时的"卡珊德拉",能够准确地预言灾祸,而那些不撞南墙不回头的人只有灾难降临时才会相信预言是真的。议员们在开始时还保持着谦逊的态度倾听沃普乐的讲话,但当他们明白他的目的是揭穿南海公司的阴谋之后，便纷纷离席。

大概过了两个月的时间，下院才通过了这项议案。在这两个月里，南海公司的董事和他们的朋友们用尽了一切办法提高股票的价格，其间，他们充分利用了大名鼎鼎的约翰·布伦特爵士的名义。

一时间漫天响起有利于南海公司的谣言。有的说，英国已经和西班牙签订允许英国在其所有的殖民地从事自由贸易的条约；也有的说，英国将开发波斯拉格斯的丰富矿藏，那时英国就会拥有像铁一样多的银矿资源。墨西哥人会用他们的全部黄金购买英国生产的棉花和羊毛，投资南海公司股票的人也会因为南海公司贸易的巨大成功而获得难以想象的财富，只要投资100英镑就会有数倍的股票红利。通过这些手段，南海公司的股价提高到了400英镑。此后股价出现了大幅波动，在下院以172票对55票的多数通过南海公司提交的议案时，股价已经趋稳，为330英镑。

上院通过这项议案的速度也是史无前例的：4月4日，第一次宣读；4月5日，第二次宣读；4月6日，议员评议议案；4月7日，第三次宣读，并立即宣布通过。

上院也有几位议员非常担忧这项计划，但大多数人并不在意他们的激烈抨击和警告，在投机的狂潮下，他们的意见如平民的一样被忽略了。有两位名字叫作诺思和格雷的议员说，未来发生的事实会证明这个议案只能使极少数人暴富，而大多数人则会更加贫穷，它的实质是不公正的，而其造成的结果也将是致命的。沃顿公爵也站出来表示反对，由于他只是以沃普乐在下院中发表的观点作为论据，因此人们对他的话比对诺斯和格雷的话还不屑一顾。库珀伯爵则把这项议案比做欧洲历史上著名的特洛伊木马，指出这是一个惑乱人心的大阴谋，它必将使人们放弃信义并招致最终的毁灭。桑德兰德伯爵声嘶力竭地驳斥这些反对意见。表决的结果是：17票反对，83票赞成。就这样，上院在表决后便通过了这项议案，使之得到了国王的钦准，成为国家的法律。

那一刻，整个国家似乎都因为股票投机而疯狂了。厄雷交易街、康恩希尔街每天都挤满了前来购买股票的人，如蜂聚般的人群和数量众多的马车把街道堵得水泄不通。人人都来买股票，"就连傻瓜也想来骗人。"

"南海泡沫"泛滥成灾

当时有一首民谣在民间流传，这首民谣的名字叫《南海泡沫之歌》，歌中这样唱道：

星星在疯狂的人群头上闪耀，

袜带在下里巴人中缠绕，

人们忙于买和卖，

对犹太人和别人的争吵津津乐道。

就连贵妇们也从四面八方赶来，

天天乘着马车来回奔波，

为了在交易街上参与冒险，

她们心甘情愿地当掉了珠宝首饰。

对于发财和暴富的渴望，使得社会各个阶层都对南海公司的一举一动异常敏感。这时，南海公司又抛出了花样翻新各种方案，他们迅速地填写股单，用火车运来股票，当然，这一切都是为了使股票的市场价值再度升高。

但令人意外的事情发生了，国王批准议案之后，南海公司的股价却下跌了。4月7日的成交价还是310英镑，4月8日就跌到了290英镑。已经从这项计划中获得巨额利益的董事们看着股价回落并不甘心，于是，他们立即派人四处散播谣言，告诉人们南美还蕴藏着巨大财富。厄雷交易所里全身心投入股票交易的人们很快就对这样的谣言信以为真：由于西班牙政府的建议，斯坦霍普伯爵在法国已经决定选取秘鲁海岸的某些地方与西班牙交换直布罗陀和玛汉港，旨在扩大南海贸易和增加贸易的安全性。除此之外，西班牙还将取消每年一轮次的航运限制，放弃每年25％的利润。南海公司还可以建造和租用任何数量的船只，外国人都不能干涉。仿佛一幅"金砖银锭在眼前飞舞"的景象马上就要成为现实。在这个谣言下，股市急速反弹。4月12日，即上院议案通过后的第5天，董事会以3∶1的比例发行了100万份认购单，人们争相竞购，首次认购总值已经超过了200万英镑。认购单发售时收取股票价格1/5的预付金，即每100英镑收取20英镑，余款分期付清。数日之内，股票价格就涨到了340英镑，认购单的价格也上涨了一倍。为了继续扩大交易总额，4月21日，董事会宣称，夏季中期的股息为10％，而且所有的认购单都将获得相同的利益。这些消息使大户们变得更为疯狂。紧接着，董事会又以400％的价格发行了第二个100万新股。人们就像被恶魔附体一般，疯了似的进入这场投机中，仅仅几个小时，竟然卖掉了150万份认购单。

也是在这个疯狂的时段里，难以计数的股份公司呱呱坠地，人们很快就送给了这些公司一个再合适不过的雅号——"泡沫"。大家都认为这个称呼很贴切。这些公司有的只成立了两个星期，有的时间更短，便再无影无踪了。新方案、新工程一个接一个地出现，就连最高等的贵族也卷入了这个旋涡，他们像不知疲倦的股票经纪人一样渴望在这次投机狂潮中大发横财。威尔士王子竟然成了一家公司的管理人，据说他在这次股票投机中的收益是4万英镑。布雷基瓦特公爵以改建伦敦城和威斯敏斯特为名发布了一项募资方案，钱多斯公爵又进行了另一个方案。这时出现的约有100多项工程，它们一项比一项更诱人、更离谱。用《政治的国家》中的话来形容，"流氓们设计和施展他们的伎俩，贪婪的傻瓜们跟着上当，直到最后才发现，这些人不过是一群十足的骗子。"据估算，在这场没有任何保障的游戏中，共有150万英镑的财富从傻瓜手中转移到流氓的腰包里，就这样，傻瓜变穷而流氓暴富了。

在这些方案中，有的是在公众还有清晰的判断能力时实施的，这些方案似乎没有什么问题，能够给投资者带来收益，但事实上，这些方案的唯一目的就是提高股价。一旦股价上升，实施者马上抓住机会卖出股票，而后就将他的方案抛诸脑后。麦特兰德在他的《伦敦史》中严肃地记录了这样一个故事：有一项曾令人几近疯狂的工程事实上只是创办一家"用锯屑制造木板"的公司，这无疑是一个天大的玩笑。大量的事实说明，数以千计的极其差劲的方案，在提出数日并骗到几百人后便消失得无影无踪。比如，有个项目是要募集100万的资金制造一种永动轮；另一个项目是"促进英格兰的牧马业，改良牧师和教堂的土地，修缮和重建教区长和牧师的住房。"那些对后者怀有极大兴趣的牧师们从中得到了巨额财富，因为这个项目就是为一群狩猎高手般的教区长量身打造的，在很短的时间内，这家公司的股份就被抢购一空。但最荒诞可笑、最能体现人们疯狂状态的是这样一个项目，它的名目是，"一家经营和承揽巨大利益的公司，但是没有人了解这是什么。"假若不是有几十位可靠证人的确切陈述，谁能相信竟然有人被这样的项目所欺骗。有一个颇具智慧和胆识的人，只通过发布募股书的方式，就让人们产生了对他的信任。募股书上这样写道，有一个需要50万英镑资本的项目，共有5 000股，每股面值100英镑，认购者只要支付2英镑的定金，每年就可以获得每股100英镑的股息。这个利润丰厚的项目多么诱人啊！但他又宣称，他不会自降身份去请求认购者与他共享利益，但他会在一个月内向全体股东告知他的所有计划，在那时人们可以选择是否支付剩余的98英镑。第二天上午9时，他刚打开设在康恩希尔街的办公室，一大群人就挤了进来，直到下午3点下班时，他估算至少卖出了1 000股，并且都收到了定金。这样，5个小时他就得到了2 000英镑。他自鸣得意并在当天晚上离开了这座城市，音信全无。

附录　三大金融泡沫与群体心理

另一个获得很大成功的骗局叫作"环球许可证"。这些"许可证"只是一些像扑克牌一样的方纸片，上面印有与厄雷交易街毗邻的用蜡密封着的"环球客栈"标志，贴有一张"帆布许可证"。持证者可以享受到的权利是在将来不确定的时间里认购一家新建的帆布厂的股份。这些许可证在厄雷交易街上以60基尼的价格出卖。这场骗局的制造者是一个很幸运的家伙，至少人们是这样看的，但后来，他却因为牵扯进南海公司董事会的挪用公款事件而受到惩罚。

无论身份贵贱、性别年龄，几乎所有人都卷入了对财富狂热的追求之中。在酒馆和咖啡馆里，男人们与经纪人交谈；在服饰店和杂货店里，女人们也大谈股票。虽然他们并不完全相信那些宣传中前景美好的项目，但却仍希望通过这场投机活动大赚一笔。

狂热公众的惊醒

交易街上的秩序并不尽如人意，以致同一种股票在同一时间因为在不同地点成交价格竟相差10%。但是，还是有一些人头脑始终十分冷静，议会内外都有这样的人，他们十分明确地预言了即将发生的灾难。沃普乐先生继续指出了各种不祥的预兆。那些头脑清醒的人也和他一样表示了对于局势的担忧，这让政府开始关注事件的发展。在6月11日议院召开会议时，国王发布公告宣布所有的非法项目都是不被容忍的，并将启动司法程序。同时，禁止任何经纪人进行违法公司的股票交易行为，违者将不得不支付500英镑的罚款。

这项公告并没有引起狡诈的投机商们的关注，他们继续引诱贪利者进行非法交易。7月12日，高等法院的法官们聚集在枢密院共同发布了一道命令——驳回所有的专利和特许申请要求，解散全部的泡沫公司。

政府宣布这些泡沫公司的非法性，头脑清醒的人们也开始远离它们，但还是有许多泡沫公司不断膨胀。

在当时，讽刺漫画充斥着印刷店，具有讽刺内容的短诗和短文也不断地刊登在报纸上。一位扑克牌生产商制造了颇具创意的一种南海扑克，现在已经很少能见到了。牌上除了常规的一幅很小的图画之外，还在一个角上印了一幅泡沫公司的漫画，并在漫画下附上不同的诗句。比如，这副牌中的梅花8就加印了一家名称为"帕考尔机械公司"的泡沫公司。画面上，这家公司不断发射圆形和方形的加农炮弹和子弹，并自认为将带来一场战争艺术的巨大改变。牌面的诗歌这样写道：

有一个十分伟大的发明创造，

专门清除国内而不是国外的蠢人，

我的朋友，请不要为这种可怕的机器而担忧，

它只让那些待在那儿等着分红的笨蛋浑身是伤。

红桃9的牌面上印着的是一幅讽刺英格兰铜和黄铜公司的漫画，上面有这样的讽刺诗：

一个轻易信任他人的傻瓜，

梦想用英格兰铜来换取金银宝贝，

自己却成了交易街上的一头蠢驴，

用贵重金属换来了一堆破烂。

方块8描绘了阿卡地亚殖民地公司的情况，上面同样也配了一首打油诗：

有个富翁甘愿当傻瓜，

毫不吝惜地把金钱洒在北美大地。

让他去买进那些骗人的股票吧，

只有蠢驴才会相信这些鬼话。

这副扑克牌的每一张都用风格相似的漫画揭露了一个诈骗计划，讽刺那些上当受骗的人。有人计算过，这副扑克牌中所包含的所有工程项目的资本总额大约为3亿英镑。

投机者的最后挣扎

现在，我们再回望这个"大海湾"，它曾经卷走了千百万极度贪婪而又头脑简单的英国人的财富。

5月29日，南海公司股价涨到了500英镑，到这时，约有三分之二的政府工作人员购买了由南海公司发行的国债。在整个5月里，股价一直在上涨，在5月28日这一天，股票价格达到了550英镑。四天之后，股价再度狂升到了890英镑。大多数人都认为股价不会再继续升高了，于是许多人抛售股票套现。

听到这一消息，正要陪同国王去汉诺威的许多贵族也开始变得不安，他们也迅速地卖出了股票。到6月3日，厄雷街上的形势大变，卖家如云而买家寥寥，股价也从890英镑下跌到640英镑。见到这种情形，董事们目瞪口呆，马上告诉代理人购买股票。他们的应对很有效，当天晚上，人们又有了往常的信心，股价回到了750英镑。直到7月22日，一直没有发生大的波动。

现在没有必要去描述董事们是如何通过各种手段操控股票价格的了。到了8月份，股价达到了最高点1 000英镑，然后就开始上下波动，泡沫逐渐破灭了。许多公务人员对董事们表示不满，他们尤其反感那种将股份清单列在每张认购单上的做法。人们慢慢了解到，约翰·布伦特主席和其他一些人所带来的祸事远不止于此，他们开始出卖股票。整个8月，股市呈持续低走的态势，9月2日，南海公司的股价只有700英镑。

事情已经变得非常糟糕，为了防止公众对南海公司完全绝望，9月8日，董事会在泰勒商贸大厅召开了一次全体会议。会议通过了多项提案，但并没有挽回公众的信心。当天晚上，股价就下跌到640英镑，第二天又继续跌到540英镑，此后几天仍然不改下跌之势，最后停在了400英镑。

形势的严峻让政府倍感震惊。为了避免受到愤怒股民的攻击，董事会成员都躲在家里。街上到处是危险的暴徒。正在汉诺威的国王一连收到了数封公文,请求他即刻回国收拾残局。正在乡间的家中修养的沃普乐先生也屡屡收到求救信,请求他利用自己对英格兰银行董事会成员的巨大影响力,说服银行对南海公司施救。

但英格兰银行并不愿意蹚这浑水,担心这会让它陷入无法摆脱的麻烦之中。但全国上下都一致呼吁它挺身而出扶危济困,所以英格兰银行勉强接受了建议。它召集了所有制定贸易政策的著名人士研究应付紧急状态的对策。沃普乐先生拿出了一份合同草案,草案得到了各方认可并作为下一步谈判的基础。这样,大众的惊恐情绪才稍微缓和了一点。

为了重建南海公司的公共信用,英格兰银行开设专户,以15%的定金、3%的保险费和5%的利息,发行了300万英镑南海公司债券。9月28日清晨,人们如蜂聚般纷纷携款而至。这种情形让人感到债券可能会在一天内就被抢购一空,可是不到中午,形势就急转直下。尽管采取了一切可能的措施,但南海公司的股价还是一落千丈。上午,银行还在忙不迭地接受认购,可下午就不得不更加迅速地兑付现金。

第二天是节假日,银行才得以喘息,它们非常后悔卷入了这场灾难。它们的老对手南海公司在这场风潮中彻底倒下了,它们的股价一直跌至150英镑，几次波动过后，又跌到135英镑。

到这时，银行才发现，它已无力恢复公众的信心，更不可能力挽毁灭的狂澜。"就这样"，用《议会史》的叙述就是，"人们看到，一个神奇的泡沫飘到了不可思议的高度，它制造了令整个欧洲凝神观望和翘首以待的海市蜃楼，在8个月的时间里，它由兴至盛，由盛而衰。而事实上。它是建立在欺骗、幻觉、轻信和恐惧之上的。它的制造者的那套鬼把戏一旦被人们识穿，就啪的一声碎裂了。"

著名作家斯摩莱特曾经说过："没有一个历史学家会喜欢这个时代。因为那些情感丰沛、善于想象的读者没有一个会喜欢阅读这些详细描写肮脏交易的史书。在这些描写里没有温情，没有色彩，不加修饰，它所展示的仅仅是一幅枯燥无味、腐化堕落的画面。"

事实上，他的想法错了。如果斯摩莱特有些幽默感，他就会发现这个主题所能够带给人们的启发要远远超出一个小说家所希望达到的。一群遭到劫掠处在绝望之中的人们难道没有温情吗？数以百计的家庭因为股票投机而一贫如洗；昨天的富翁沦为今天的乞丐；手握重权、前呼后拥的重臣落到贬谪、流放的下场；在每一寸土地上都有自责、悔恨和诅咒。难道这样一幅悲惨的图画里不是充满了生命、生气的吗？

全体国民理性的双眼都被蒙蔽了，他们疯狂地跟在一个金光闪闪的幻象后面狂奔，直到不幸陷入万劫不复的深渊，还在固执地否认这仅仅是一场噩梦，此情此景难道不是发人深省的吗？

在这个臭名昭著的泡沫时代，英格兰出现了一种独有的现象：公众的心志变得越来越不健康。人们开始厌烦那些通过小心谨慎的努力而慢慢获得成功的产业了。他们渴望得到无穷无尽的财富，于是铤而走险，从事各种腐化堕落的行为。空前的奢侈之风带来的是人们道德品行的急剧下滑。一个愚昧无知的粗鲁之人，因为一场赌博的胜利就会一夜暴富，这怎能不让那些知书达理的人感到羞愧难当。

恣意妄为者的苦果

国内的形势非常紧急。国王乔治一世不得不改变了他在汉诺威的预定日程，火速回国。11月11日，他回到了英格兰。

12月8日，议会召开会议。这期间，全国所有的城镇不约而同地举行了公共集会。人们纷纷恳请立法机关严惩南海公司的董事们。正是他们的那些恬不知耻的欺骗行为，使得整个国家走到了悬崖的边缘，然而几乎没有人认为政府也应当像南海公司一样受到惩罚。

没有人去指责大众的轻信与盲从，贪婪和堕落已经吞噬了所有优秀的国民本性，他们对金钱的痴迷和疯狂渴望使他们又一次地钻进了阴谋者布好的罗网。从来没有人指责人们的这些行为。所有人都认为单纯、诚实和勤奋的人民受到了一伙强盗的欺骗，这些人恶贯满盈，罪有应得。

全国上下几乎都是一致的看法，上下两院的议员也持同样的观点。对南海公司董事会成员的恶行，几乎众口一词地要求严惩。

这期间，公众的愤怒也越发强烈，这一点可以从库克斯的《沃普乐》一书中得到印证。人们把南海公司董事们的名字当成了骗局和邪恶的代名词。全国城乡各地都爆发了群众请愿活动，面对国家灾难，人民纷纷要求严惩这些罪魁祸首，那些没有走向极端的温和派人士也被人们斥为罪犯的同谋。深受南海事件之害、一心想要复仇的人们，以写匿名信或公开信的方式，对他们进行恶毒的侮辱、谩骂和指责。人们的矛头直指财政大臣艾斯拉比和克拉克斯，上议院立即采取行动调查他们。

1月21日，议会要求所有曾经参与南海计划的经纪人呈交账目，并报告经他们之手买卖股票的财政部官员的情况以及自1719年米迦勒节以来他们的信托情况。通过上报，人们发现，大量的股票最后集中到艾斯拉比手中。5名南海公司的董事都被羁押了起来，其中包括爱德华·吉朋，他是英国著名历史学家，《罗马帝国衰亡史》的作者吉朋的祖父。

董事会成员的案子审理完毕后，为了补偿因他们的行为而受到伤害的公众，议会没收了他们的许多财产，累计240万英镑。根据每位董事的具体情况，议会允许他们保留一定的财产，以保证他们的生活需要。

这次危机之后，在国内贸易再度繁荣的时候，又有几次出现了过度投机的迹象。一个项目的成功就会引发一群相似项目的出现。在商业世界中，公众的双眼总是盯着成功的行为不放，不失时机地进行模仿，这种只关心利益而忽视风险的做法，往往把人们带进危险的深渊。

1825年，又是一个令英国人恐慌和难忘的一年。与当年南海计划中出现过的公司一样的泡沫公司东山再起。这些骗子们又像1720年一样，利用人们的贪婪诈取了大量财富，但当命中注定的报应来临时，他们还是走了霉运。

另一次可怕的事情发生在1836年，相似的阴谋几乎又一次带来灾难，但幸运的是，在灾难到来之前，人们猛然间惊醒，总算是有惊无险。直到1845年，南海阴谋始终都是英国历史上因为商业投机行为而造成大众恐慌中最著名的事件。

3.疯狂的郁金香

据说,郁金香花名的由来源自土耳其语,意思是螺旋贝,16世纪中叶才传入西欧。让很多人都没有想到,它传入后不久,就引发了一场狂热的郁金香热。郁金香一直是富人们渴望拥有的名花,尤其是在荷兰和德国,阿姆斯特丹的有钱人甚至不惜重金差人直接前往君士坦丁堡去买郁金香球茎。而英国的第一株郁金香则是1600年从维也纳带回的。郁金香传入后,名声逐年提高,到了1634年,人们对郁金香的狂热度依旧不减,人们甚至认为,富人如果不是郁金香的爱好者或收藏者,就说明他的趣味是低级的。

那时的许多著名学者都热衷于收藏郁金香,包括蓬皮尤斯·德·安吉利斯和莱顿的利普西尤斯。许多中产阶级对郁金香都有极强的占有欲,无论是大商人,还是小店主,甚至是经济情况一般的人,为了互相攀比,为了拥有更多郁金香的珍奇品种,都会不惜重金去抢购。哈勒姆的一位商人就不惜花去自己一半的财产买一株郁金香,结果他还因此而名声大振。他不惜重金购买这株郁金香的目的并非是转手获利,而仅仅是为了收藏,为了让人们羡慕他。

不少人一定这样猜想，郁金香必定有什么特别之处，否则不可能在精明的荷兰人眼里是如此价值连城。因为它既没有玫瑰花的美丽芳香，也没有玫瑰花的花期长，甚至连豌豆花的淡雅清香也没有。考雷曾如此歌咏过郁金香：

郁金香呀郁金香，

她给世人带来无限欢乐，无限希望。

她花团锦簇，娇艳妩媚，让人神往。

她拥有世界上无与伦比的色彩，

每一次栽培都会让它更加绚丽和芬芳。

紫色和金色是她经常的色彩，

就好像是最酷爱的服装。

她只想让人快乐，讨人喜欢，

并用她美丽的形象把世界装点得更加漂亮。

很多人在栽培种植郁金香的时候一不小心就会遇到大麻烦，

附录 三大金融泡沫与群体心理

就像一位母亲照顾一个体弱多病的孩子一样。因此，我们必须说，过分去青睐这种娇贵的花儿未必是明智之举。1634年，荷兰人把过多的精力都放在对这种花的占有上，甚至因此连国家普遍存在的人口问题和工业问题都置之不理。在那个时候，就连生活在社会最底层的人也来做郁金香生意。郁金香贸易越来越火，价格也随之水涨船高。到了1635年，很多人甚至愿意花10万弗洛林的高价去买40支花。其后，郁金香交易也顺理成章地演变为销售。这个时候的计量单位是波里兹，郁金香也有各式各样的品种，另称。被称为里夫肯上将的郁金香品种，400波里兹的价格高达4 400弗洛林；范·德·埃克上将，446波里兹，价格是1 260弗洛林；切尔德，106波里兹，价格是1 615弗洛林；总督，400波里兹，价格是3 000弗洛林；最珍贵的还要数奥古斯特，每200波里兹的最低价甚至达到了5 500弗洛林。奥古斯特这种郁金香可以说是人们最梦寐以求的品种了，即使是最不好的球茎也可以卖到2 000弗洛林。1636年年初，整个荷兰甚至只有两株奥古斯特，一株在阿姆斯特丹的一位商人手中，另一株在哈勒姆。人们为了得到这两株稀世珍宝，甚至搞起了投机。有人甚至愿意用12英亩的地产来换取哈勒姆的那一株，而阿姆斯特丹的那株则被人用4 600弗洛林，外加两匹马、一辆新马车和全套马具购得。当时，有一位名叫蒙丁的作家，甚至写了一本长达千页的书来描写了人们对郁金香的疯狂追逐。这位用功的作家在书中对郁金香的交易描写得非常细致，书中还列了一个总督郁金香的交换物品和价格清单，一株总督的价格如下：

两拉斯特小麦··················448弗洛林

四拉斯特黑麦··················558弗洛林

四头肥牛······················480弗洛林

八头猪························240弗洛林

十二只羊······················120弗洛林

两大桶果酒····················70弗洛林

四大桶啤酒····················32弗洛林

两大桶黄油····················192弗洛林

一千磅奶酪····················120弗洛林

一张大床······················100弗洛林

一套衣服······················80弗洛林

一只银酒杯····················60弗洛林

······························总计2 500弗洛林

附录 三大金融泡沫与群体心理

很多不在荷兰的人也在郁金香价格炒到最高的时候,在利益的驱使下赶回荷兰,盲目地加入对郁金香的疯狂追逐中,参与到郁金香贸易中,但最终不得不以失败而告终。《布莱恩威尔游记》中就有这样的记载:有一次,一位因为有了几株郁金香珍稀品种而扬扬自得的富商,在一位水手处了解到有一批贵重的货物要运往列文特,他便想揽下这笔生意。于是,就派这位水手到会计室打探详情。为了答谢这位水手,富商非常大方地给这位水手了一条红鲱鱼当早餐,没想到这位水手更喜欢吃洋葱。或许正是因为这样,富商餐桌上放着的那个和洋葱一样的东西很快吸引了水手的注意力,他趁别人不注意,一把将这个和洋葱一样的东西装进了自己的衣袋。有了自己酷爱的"洋葱"来调味,这位水手高高兴兴地回码头吃他的"洋葱"红鲱鱼早餐。

当富商发现自己价值3 000弗洛林的萨姆波·奥古斯特郁金香丢失的时候,他赶紧召集所有的人四处搜寻,但翻遍所有的角落都一无所获,富商十分伤心。就在这个时候,有个人突然想到了那位爱吃洋葱的水手。万分焦急的富商随即向码头冲去,随从们也紧跟富商朝码头奔去,但为时已晚。当他们奔到码头时,那位水手正津津有味地嚼着他酷爱的"洋葱",就剩下最后一小块了。而这位头脑简单的水手还不知道发生了什么事,所以他没想到要躲起来。因为他做梦也不会想到他吃的这个"洋葱"够全船的人享用一年,或者如这位被偷走"洋葱"的富商所说,他的这顿早餐"奢侈得足够宴请一次奥兰王子和联会省整个朝廷了"。

安东尼为了埃及女王克里奥巴特拉的健康曾把珍珠溶入酒中;理查德·怀庭顿爵士为了取悦亨利五世曾大搞巫术;伊丽莎白女王主持皇家事务时,为了她的健康,托马斯·格莱沙姆爵士曾在酒中溶进钻石……这名荷兰水手的这顿早餐,其奢侈程度完全可以和上述这些人相提并论。而这位水手占到了更大便宜,因为这些人的昂贵珠宝并未给他们的美酒增添什么色彩,也没有对改善他们的健康起到什么作用,但这位水手的"洋葱"配鲱鱼却是无与伦比的美味佳肴。结果,这个"可怜虫"因为这顿昂贵的早餐被富商指控犯抢劫罪,最终被判了几个月的监禁。

还有一位旅行家的故事更让人忍俊不禁。这位英国的绅士是位业余的植物学家。一次,他在一位荷兰富翁家里偶然间看到收藏的郁金香球茎,由于没见过这种东西,也不知道是什么,因此他想做个实验。于是,他掏出随身携带的小刀,一层一层地剥这个球茎的皮。当他剥到一半的时候,还将它切成了两半,认真地观察这个他从来没有见到过的球茎的每一个部位。没想到球茎的主人竟突然向他扑过来,而且两眼还向外喷着愤怒的火花:

附录 三大金融泡沫与群体心理

"你知道自己在干什么吗？"这位旅行家不知所措地说："在剥这只特别的洋葱啊！""你这该死的笨蛋！"荷兰人怒骂着，"它可是范·德·埃克上将呀！""谢谢，"旅行家边说边拿出笔记本记下这句话，而且还问，"这种上将在你们国家多不多呀？""你这该死的魔鬼！"这位荷兰的富翁忍无可忍了，咬牙切齿地揪住了这位惊愕不已的植物学家的衣领："到了市政官那儿，你就知道是怎么回事了。"

话毕，这位荷兰富翁不由分说地将植物学家揪到了大街上，这也引来了一大群围观的人。不过，一路上，植物学家始终是一头雾水，丈二和尚摸不着头脑，直到被带到市政官那里时，他才恍然大悟，原来自己用来做实验的那个球茎竟然价值连城。因此，无论他怎么解释都没有用，最终还被关进了牢里，直到他筹集到的抵押品足够赔偿这个富翁的球茎损失后才被释放。

郁金香狂热的终结

1636年，郁金香珍品的追逐热更是空前高涨。在阿姆斯特丹、鹿特丹、哈勒姆、雷顿、阿尔克马、霍恩以及其他一些城市建起了一批股票交易所，投机者更是明目张胆。股票经纪人对投机信息触角很灵敏，他们大量买进郁金香股票，并想方设法地操纵股票价格的涨落。刚开始时，人们十分相信这些投机者，投身到这种赌博游戏中，而且也从中获利。郁金香经营者在郁金香股票价格大起大落中做着投机的生意，价低时买进，价高时卖出，从中赚取高额的差价。很多人一夜暴富。

这也让更多的人无法抗拒诱惑，争先恐后地涌进郁金香市场。最终，郁金香市场上的赌徒们犹如爬满蜜罐的"苍蝇"，密密麻麻。每一位投机者都期望大家对郁金香的疯狂追逐能够永远持续。世界各地的富翁们也纷至沓来，毫不犹豫地一掷千金买下天价郁金香。欧洲的富翁们涌向荷兰北部海岸，将贫穷给消灭了。贵族、市民、农民、机械工、水手、男佣、女佣，甚至连烟囱清洁工和洗衣的老妇人也都进入了郁金香交易市场。不同阶层的人都把他们的财产变成了现金，进入交易市场。房产被人以非常低的价格卖出，或者以很低的价格进行抵押。

外国人在这场对郁金香的疯狂追逐中也变得神经错乱，他们把自己的财产从世界各地带到荷兰。生活必需品价格节节攀升，房子、土地、马、马车以及各种奢侈品也随着郁金香的价格水涨船高。有一段时间，荷兰可以说就是财神爷的接待站。郁金香的交易也逐渐发展到了一个十分普遍但又非常复杂的阶段，亟须制定一部法律来进行规范。因为政府的职员以及政府任命的公证员也在纷纷进入郁金香交易市场。在有的地方，人

附录 三大金融泡沫与群体心理

们不知道有公证条款,但却知道有郁金香的公证。在部分没有交易所的小城镇,各路人就云集在一些稍微大一点的酒店讨价还价。这种昂贵的聚餐有时会吸引两三百人。酒店的桌子和过道会整整齐齐地摆放着一盆盆正在绽放的郁金香,成为席间让人心旷神怡的风景。

不过,后来有些细心的人发现,这种对郁金香的狂热追逐不会永远持续。于是,富翁们不愿意再花高价买郁金香种到自家的花圃里,而是选择以100%的价格售出自己占有的郁金香。在最终有人破产的消息传出后,郁金香价格不再坚挺,出现了下滑,从此一蹶不振。由于人们对郁金香的价格不再有信心,投机者越来越感到不安和恐惧。例如,A开始同意以每株4 000弗洛林的价格从B那里买10株萨姆波·奥古斯特。可没想到的是,合同签订6周后,花价就降到了三四百弗洛林一株,B准备供花,A却拒绝B的履约,即便是降价也不肯接受。荷兰的每一个城镇也因此不得不每天传讯很多类似的违约者。人们开始发现,贫困在向他们袭来。当时出现了这样的情况,即便是有人愿意以四分之一的买入价卖出自己的郁金香,也没有人愿意买了。

四处弥漫着痛苦的呐喊,每个人都在疑神疑鬼,总以为别人会偷自家的东西。少部分发了财的人还隐瞒自己的同胞,他们悄悄地将财产转移到英国或者是投放到其他产业上。很多在郁金香交易顶峰时涌出的生活在社会底层的人，而今又被重新抛了回去。曾经的富翁也在这个时候沦为乞丐，世袭的贵族也因此而倾家荡产。

第一次的恐慌平息一些后，多个城市的郁金香拥有者就赶紧聚集在一起，谋划怎样才能让公众重拾信心。所有人都认为，应该把每个地方的经纪人一起召集到阿姆斯特丹，与政府一起商量解决问题的办法。刚开始的时候，政府拒绝参加，只是提议让他们制定一些内部规章。他们也因此开了几次会，但最终却没想出什么办法去让那些被愚弄了的人们对郁金香市场前景重拾信心。会上，他们只能进行无谓的抱怨和不断地相互指责，甚至是撕破脸大吵。在阿姆斯特丹经纪人联合会的主持下才好不容易达成了一个协议。随后他们规定，在郁金香追逐的顶峰期，也就是1636年11月以前达成的交易合同全部无效，而在这之后的合同，如果买方提出终止，就必须对卖方进行10％的补偿。

这个决定非但没让卖方满意，而且还让那些信守合同、买了郁金香的人觉得自己亏大了。以前能卖到6 000弗洛林的郁金香，现在只能卖500弗洛林，规定要求的10％的补偿只比这个卖家价格高出100弗洛林。因此，到处都有交易者向法院提出违约诉讼，但被告却说什么也不服从法院对其参与投机的判决。最终，问题被捅到了海牙省议会。大家都认为，这个智囊机构肯定能够拿出解决问题的方法让大家对未来的交易重拾信心，但他们的等待却久久没有得到回应。议员们的争议不断，在3个多月协商和争议之后才宣布，在得到更加明确的消息之前，他们还不会做出最后的决定。但他们同时也提议，为了稳妥起见，所有的卖方都应当以现在的价格将郁金香卖给买方，如果买方拒不购买，则应该将郁金香进行公开拍卖，差价则由合同上的最初买方负责。

事实上，这也只是经纪人之前提出来的方案，而且还被证明是没有用的。荷兰的法院不能强迫买方付款。在阿姆斯特丹，事情变得更加糟糕，但法官们却拒绝管这件事，因为这属于赌博合同，而赌博合同涉及的债务在法律上无效。由于政府也无权干预这件事，问题也就只能被搁置。那些不幸的郁金香持有者也只能努力克制自己，默默吞食这场郁金香投机热给自己带来的苦果，毕竟那些从郁金香投机中获利的人也要维护自己的利益。但可怕的是，国家的商业因此遭受了重创，可以说这次重创在很多年后才得以恢复。

英国在某种程度上也上演了荷兰的郁金香投机热,1636年,伦敦的交易所也在公开买卖郁金香,投机者最大限度地哄抬着他们从阿姆斯特丹买来的郁金香的价格。在巴黎,投机商也奋不顾身地掀起了一场郁金香炒作热,虽然他们最终没能完全如愿以偿,但榜样的力量还是让这两个地方的人们疯狂地爱上了郁金香,有些人对郁金香的欣赏更是到了无以复加的地步。不过,所有国家对郁金香的偏爱都难胜荷兰人,他们不会因为价格高而对郁金香望而却步,他们继续在高价购买。当英国的富翁还在炫耀自己的优质赛马和高级古画时,荷兰的富翁却更乐意称赞自己的郁金香。

让人们无法想象的是,当时的英国,一株郁金香的价格甚至要比一棵橡树高很多。一株稀有的像黑天鹅的雏鸟一样黑的特里斯能卖上相当于12英亩未收割的谷物的价钱。《大不列颠百科全书(第三版)》的权威作家曾经这样说过,在苏格兰,一株郁金香在17世纪末的最高价是10基尼,直到1769年,郁金香的价值才渐渐降低。当时英国最珍贵的品种是唐·哥沃杜和瓦伦丁尼亚,前者2基尼[①]一株,后者2.5基尼一株,这好像已经是最低的价格了。1800年的正常价格是每个球茎15基尼。1835年,一种名叫范

---

① 基尼:英国第一代由机器生产的货币,1816年退出流通货币领域。

妮·康伯小姐的品种在伦敦拍卖,价格是75英镑。更让人意外的是,一个住在切尔西国王路上的园丁,竟然将他花圃里的郁金香的价格标到每株200基尼。